水乡遗珍

水乡遗珍

青浦博物馆 馆藏文物集萃

上海市青浦区博物馆 编

上海人民出版社

序言

　　文物是历史的见证者，清晰见证了中华文明的缘起、发展、兴盛的历程。

　　绿色青浦，像一条青色的人文之河，静静流淌在富庶的太湖平原；像一条绿色的蝶型丝带，潇洒飘逸在繁华的上海西境，历来有"上海之源"、"鱼米之乡"之称。"上海之源"这个"源"说的是历史文化的源头。六千年前，最早的上海人从青浦这片洪荒之地开始，生根发芽，生息繁衍，创造了崭新绚烂的崧泽文化，开启犁耕为标志的农业文明，成为多元化中华文明的重要一脉。此后在青浦这片土地上文化绵延、文明相继，良渚文化、马桥文化、吴越文化在此开花结出累累硕果。秦汉时期，作为大一统帝国的东南之隅而继续发展；唐宋时期，吴淞江畔崛起海上丝绸之路重要港口青龙镇，风樯浪舶、商贾云集、海纳百川、多元开放，成就了千古咏叹的"小杭州"；明清时期，成为经济发展的江南翘楚，经济发达，市镇繁荣，文化昌盛，人文荟萃，成为东南名邑。

　　青浦出土和青浦博物馆所珍藏的历代文物，就是青浦历史发展的见证者。马家浜文化磨制古拙的石器，崧泽文化精致多样的陶器，良渚文化美轮美奂的玉器，无不闪烁青浦史前文明时刻的曙光；春秋青铜勾鑃、原始瓷盂、战国谷纹玉璧，无不彰显青浦吴越文化的精湛风姿；羊纹铜铣、博局纹镜、青釉陶瓿，无不显现汉帝国时期边陲青浦地区青铜与青瓷文化的绚烂多姿；用于出口的越窑莲花盏，同安窑青釉刻花盏，景德镇窑青白瓷碗，无不折现海丝港口青龙镇海外贸易的盛况；鲤鱼纹梅花形漆雕果盒，"金玉满堂"碗，"皇庆二年"铁权，无不昭示元帝国时期青浦经济文化的发展；从"万载县匠咸泰"款银锭到"嘉庆十一年南充县"款银锭，从德化窑梅花纹白釉杯到天蓝釉菊瓣形盘，从陆应旸雄健的草书诗轴到王昶秀丽的王氏宫词，从文点的《碧山苍松图》到僧旭林的《云泉翠渊图》，无不映照明清时期水乡青浦经济的繁荣和文化的昌盛；市场流通的日本金币，中西结合的银餐具，无不显示近代西方文明在青浦的融入，而《野火》、《追悼五三、四八死难同志特刊》杂志则无不体现抗战时期青浦儿女英勇抗日的史实。

这些馆藏文物是青浦一笔可贵的文化遗产，也是青浦博物馆事业发展的基础。青浦博物馆以青浦第一次全国可移动文物普查为契机，严格根据国家文物局有关普查的要求，按时完成了文物普查登录、建立藏品数据库等工作，不仅摸清了馆藏文物的家底，而且将本馆藏品系统地加以梳理、研究，并将成果予以出版，让世人得以了解和鉴赏深藏在馆内文物的面目，充分体现了青浦第一次全国可移动文物普查的主要成果。前几年，青浦博物馆将青浦第三次全国不可移动文物普查的成果汇编成《水乡遗韵——上海市青浦区第三次全国文物普查图录》，本书可以说是它的姐妹篇，两者相得益彰、交相辉映，基本反映了青浦区现存不可移动文物和可移动文物的状况。

格物才能致知。希望青浦博物馆工作者以此为契机，更好地保护和传承文物，发掘和研究其内涵和价值，写好说好文物背后的青浦故事，展示展现它们的魅力，充分发挥好文物独特的作用，为青浦经济社会发展作出更多的贡献。

上海市青浦区文化广播影视管理局党委书记、局长

周思琴

2017 年 6 月

目录

玉石器

铜铁银器、铜造像

钱币

书画

其他类

陶瓷器

1
崧泽文化

凿形足夹砂灰褐陶甗

陶
高 24.8 厘米　口径 24.2 厘米
1985 年蒸淀乡（今属练塘镇）东团村金山坟遗址出土

　　此器外形呈鼎形，鼎内置圈沿、外饰
三条弦纹为界组成上、下两部分。上部形
如甑，敞口，折沿，鼓腹，以盛装食物为主；
下部为鬲形，可容水。圜形档，凿形足。
内置圈沿上可放带孔的炉箅，器下燃火，
鬲内盛水烧开后，蒸熟甑内食物。鬲上部
有匜形孔，可注水。此甗构思巧妙，匠心
独具，是新石器时代崧泽文化特有的蒸煮
炊具，反映了先民在炊具上的革新。

2
良渚文化

鸟纹泥质黑陶尊

陶
高 17 厘米　口径 9.6 厘米　足径 9.4 厘米
1987 年朱家角乡（今朱家角镇）解新村西洋淀出土

　　敞口，深颈，圆肩，腹下渐收，圈足
外撇。器身细刻四只形态各异的鸟纹，其
中一只为疾走若飞的大鸟，一只为正在栖
息的小鸟，另两只为展翅飞翔的大鸟，栩
栩如生，组成一幅生动活泼的江南水乡生
态图画。此长颈尊造型优美，胎质细腻致
密，乌黑光亮，是良渚文化黑陶中的精品。

3
良渚文化

泥质黑陶贯耳壶

陶
高 18.5 厘米　口径 9.6 厘米
1987 年朱家角乡（今朱家角镇）解新村西洋淀出土

　　直口，长颈，鼓腹，圜底，两肩附有
对称贯耳。此壶造型规整优美，器表浑圆
黑亮，质地细腻致密，是良渚文化黑陶中
的珍品。

4
新石器时代

泥质灰陶纺轮

陶
厚 1.2 厘米 直径 4.2 厘米

　　扁平圆形，中间有小孔，对钻，侧有棱。
质地细腻，制作规整。纺轮是新石器时代
常见的纺线工具。

5
马桥文化

云雷纹泥质灰陶瓠

陶
高 18.7 厘米　口径 9.3 厘米　底径 6.4 厘米
1985 年蒸淀乡（今属练塘镇）东团村金山坟遗址出土

　　喇叭形口，直把，矮圈足。瓠腹中部
饰云雷纹一周，上下各有四条弦纹，成为
一组图案。足面露双台。整体气韵仿青铜
礼器，造型典雅优美，是一件难得的马桥
文化瓠形陶器。

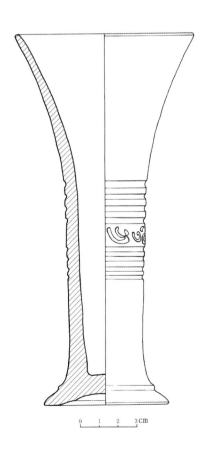

0　1　2　3cm

6
马桥文化

泥质橙黄陶双孔盘形豆

泥质陶
高 17.8 厘米　口径 13 厘米　足径 14.3 厘米
1985 年蒸淀乡（今属练塘镇）东团村金山坟遗址出土

　　浅盘口，折腹，喇叭形高圈足，豆足
置双台面。豆把部饰有两个圆孔和数周凹
弦纹。该造型敦厚，清新别致，实用与艺
术性兼顾。

7

马桥文化

米字纹印纹硬陶罐

陶

高 9.5 厘米　口径 8.2 厘米　底径 7 厘米

直口，矮颈，丰肩，圆腹，平底，造型饱满。器身拍印有米字纹。胎呈黑色，胎质坚硬，器型规整，做工精细，是一件难得的印纹硬陶精品。

8
汉

彩绘卷云纹蚕形泥质灰陶壶

陶
高 24 厘米　口径 12.3 厘米　底径 9.8 厘米

　　侈口，尖唇，束颈，蚕形腹，圈足外撇。通体灰陶衣，口、颈、足有红白相间的弦纹彩绘，腹部两侧饰有两组对称彩绘图案，为红白相间的卷云纹绘彩，部分已经脱落。此类壶为秦、汉之际流行于关中及豫西地区的器皿，风格古朴，色彩艳丽，云纹飘逸。

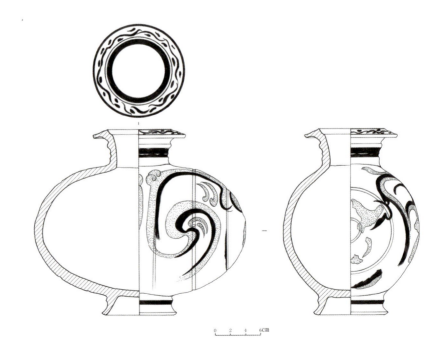

9
南北朝

泥质灰陶女俑

陶
高 18 厘米　通宽 8.3 厘米　底径 7 — 8 厘米

　　女俑头挽发髻，面庞微上扬，面容丰
满，柳眉杏目，嘴角露出笑意，双手抱袖
置于腹前。身着右衽长袍，衣摆宽大形似
喇叭。俑头部略大，体型线条优美，神态
活泼可爱。

10
唐

黄釉陶女俑

陶
高 27.4 厘米 通宽 7.8 厘米 底径 4.8 — 7 厘米

　　女俑呈站立状，头梳锥髻，面庞丰润，五官秀美，相对集中，蚕眉细目樱桃小口，双目低垂，神情平和。溜肩，身着长裙，双手笼袖于腹前，腹部微鼓。通体施黄釉，腹部和裙下摆设绿釉若干。这尊女立俑表现了盛唐时期的审美情趣。

11
唐

胡服釉陶男俑

陶
高 17.8 厘米 通宽 5.3 厘米 底径 3.2 — 4.2 厘米

　　男俑深目高鼻，颧骨高耸，无须，头戴幞头，身着翻领对襟窄袖上衣。从长相和穿着分析，应是"胡人"。此俑笑容可掬，一手置于胸前，一手斜放腰间，似与人在自然交谈。釉彩剥蚀严重，上半部似有彩绘，下半部已完全露胎，土沁较重。

12
唐

三彩釉陶小杯

陶
高 3.5 厘米　口径 5.8 厘米　足径 3 厘米

　　唇口，束颈，直腹，平底。内外施绿、黄、褐低温彩色釉，施釉不到底。器物小巧玲珑，色彩鲜艳，制作工整。三彩器是盛行于唐代的低温铅釉陶，在素烧胎体上施以白绿黄等色釉，经 800℃ 窑温焙烧呈斑驳瑰丽的色彩，因铅成份高，器物仅作明器之用。

13
清

"王南林"款紫砂罐

紫砂陶
高 14.5 厘米 口径 10.2 厘米 底径 11.1 厘米
1990 年赵巷镇千步村出土

　　直口,平沿,丰肩,腹下渐收,矮圈足,
底款"王南林制"。胎体质地细密,光素
无饰。王南林,清乾隆时期著名陶艺家,
善制茗壶等紫砂器,曾为宫廷制作。

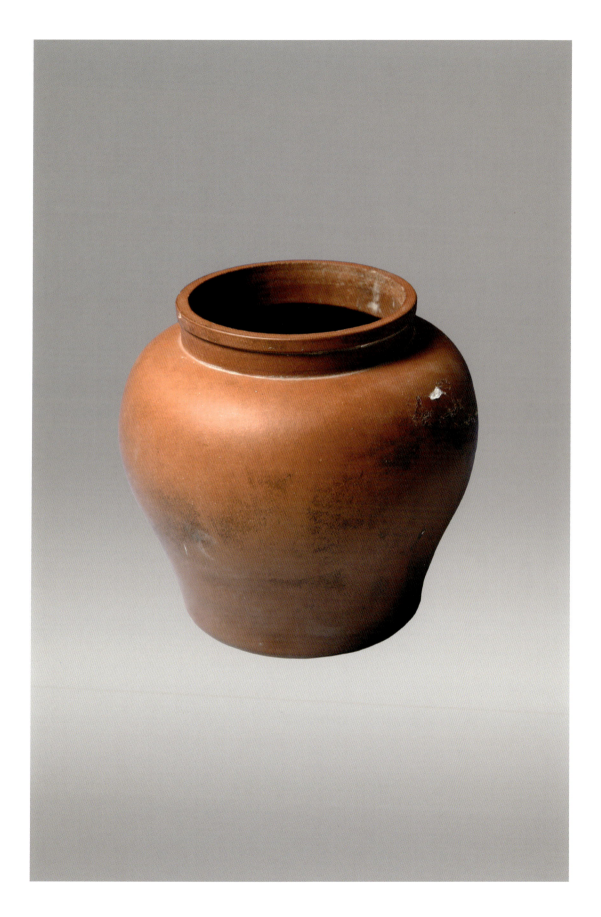

14
民国

"俞锡山"款合欢紫砂壶

紫砂陶
通高 6.2 厘米　通宽 19.5 厘米　口径 8.5 厘米　底径 5 厘米

　　桥形钮盖，直口，矮颈，削肩，鼓腹，平底内凹，延伸流，环形执把。此壶是紫砂壶经典款型，被称为合欢壶。盖内款"国良"，底款"俞锡山制"篆书。胎呈紫砂栗色，质地致密，温润细腻。造型姿态优美，外观素洁无饰，器物玲珑雅致。俞锡山（1874—1939），即俞国良，江苏无锡锡山人，清末民国年间紫砂陶艺家。

15
民国

"荣卿" 款提梁紫砂壶

紫砂陶
通高 8 厘米　通宽 16.2 厘米　口径 7.5 厘米　底径 9 厘米

敛口，圆鼓腹，平底内凹，三叉高提梁，S 形流。子母口圆盖，盖钮断失，内款"荣卿"。壶扁圆似南瓜状，经典造型。胎呈紫砂栗色，质地致密，温润细腻，制作精美，外观素洁无饰。荣卿，清末紫砂名家。

16
民国

佛手瓜形紫砂壶

紫砂陶
通高 8.8 厘米 通宽 20 厘米 口径 5 厘米 底径 9 厘米

整器造型为蔬果佛手瓜形。盖钮为一
小佛手瓜，盖子口，内有款识不清。藤枝
形执把，树须嘴，平底内凹。胎色呈土黄色。
其造型别致，立体感强，是一件融实用性
和艺术性于一体的紫砂品。

17
春秋

水波纹三系瓷鼎

原始瓷
高 10 厘米 口径 15.5 厘米
重固镇重联村出土

　　敞口，口微外撇，椭圆形腹，折肩，肩部等距置有三个三角绞索形系，器底平整，有三小足。整器内外均施青釉，外壁满饰刻划水波纹，犹如碧波涟漪，内壁保留有一道道拉坯修坯后留下的清晰弦纹痕迹。此器造型规整，纹饰简洁，是上海地区出土原始瓷器中的精品。此水波纹原始瓷鼎和一并出土的 S 纹原始瓷鼎，与浙江德清火烧山遗址出土的原始瓷鼎器型相似，为研究原始瓷东扩传播提供了重要实物依据。

18
春秋

S 纹双系瓷鼎

原始瓷
高 9.8 厘米 口径 14.5 厘米
重固镇重联村出土

　　敞口，折沿，圆腹，平底，底下有三个锥形足，肩部原有两个对称的系（现已断失），器身饰有对称附加堆纹，延续至底部。内底留有拉坯痕。器身遍布 S 纹装饰，为制坯时刻划后施釉而形成。器身内外施绿釉，施釉不及底，足仅外部有釉，釉层较薄，釉色清浅。此器与浙江德清原始瓷窑址出土的器物相似，应为当地窑场所生产。

19
战国

青瓷碗

原始瓷
高 8.3 厘米 口径 16.1 厘米 底径 9 厘米
赵巷镇崧泽村出土

　　直口尖唇，壁直且深，折腹平底，碗
内壁及内底有制作时留下的拉坯旋弦纹。
胎略粗糙，器内外壁可见明显杂质，间有
黑色斑点，内外壁施青釉，外底无釉。釉
层虽薄，但整体施釉均匀。此碗造型规整，
简单大气，釉面光洁，保存完好，为原始
青瓷之精品。

20
汉

原始瓷鼎

原始瓷
通高 19 厘米　口径 14.5 厘米
重固镇福泉山遗址西汉墓葬出土

　　口内敛，子母口，深圆腹，腹部饰凸弦纹二周，长方形立耳上部外斜。平底，下列三个兽蹄形足，足面饰竖棱及双目。覆钵形盖，盖面上列三个兽形双环纽。商周青铜鼎为礼制重器，陶鼎地位随之提高，也有礼制意义。汉代陶鼎多作随葬明器。

21
汉

原始瓷瓿

原始瓷
高 14.5 厘米　口径 9 厘米　底径 11.3 厘米
重固镇福泉山遗址西汉墓葬出土

平直口，折肩，平底内凹。肩部附对称方耳一对，附耳有兽面纹模印。肩上三组弦纹和两道水波纹相间。施半截青釉，下露红色胎体。此器造型饱满厚重，古朴规整，是汉代瓿的典型款式。

22
汉

原始瓷盒

原始瓷
通高 15.7 厘米　口径 16.5 厘米　足径 9.1 厘米
重固镇福泉山遗址西汉墓葬出土

　　直口，深腹，圈足，呈球状。上承子
母口圆形盖，盖顶浅刻一道弦纹，下饰数
道细弦纹。盖施青釉，器身露陶胎，并饰
弦纹数条。合着是盖盒，打开可当盛器使
用。

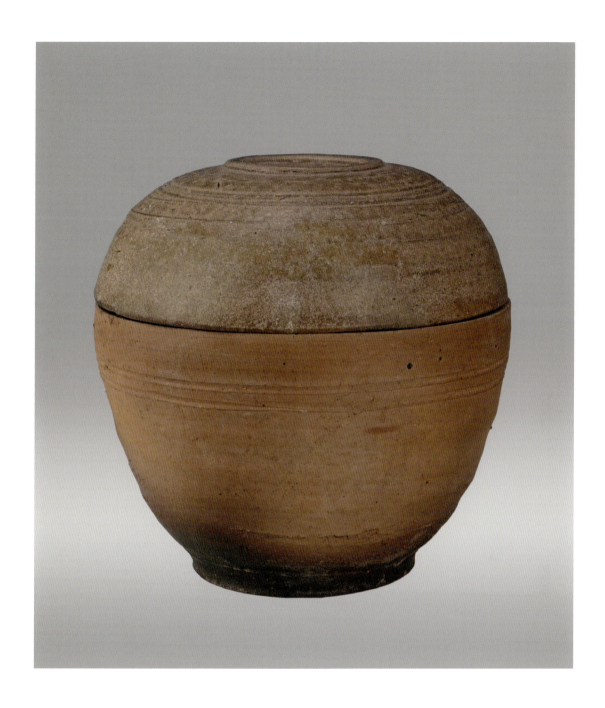

23
东晋

青瓷虎子

瓷
高 19.5 厘米　宽 20.5 厘米　口径 6 厘米

通体浑圆，斜颈圆口，颈上及腹上皆有两道弦纹装饰，腹上有圆柱形提梁，提梁一端有尾状装饰。整体雄浑厚重，与器物虎子之名相呼应。内壁露胎，外壁施青釉，釉色清亮，施釉不到底，有流淌的几道青釉垂流。底部无釉，有红色支烧痕迹。这类器物因形若伏虎而名虎子，为汉代俗称，实为男性溺器。

24
南北朝

四系青瓷罐

瓷
高 16 厘米　口径 8.7 厘米　底径 8.9 厘米

　　直口，溜肩，弧腹，腹下渐收，平底，肩上有对称四个横向桥形系，可穿绳索以便携带。罐身施青绿色釉，足底无釉，底部可见清晰支烧痕迹，釉色均匀，有光泽。

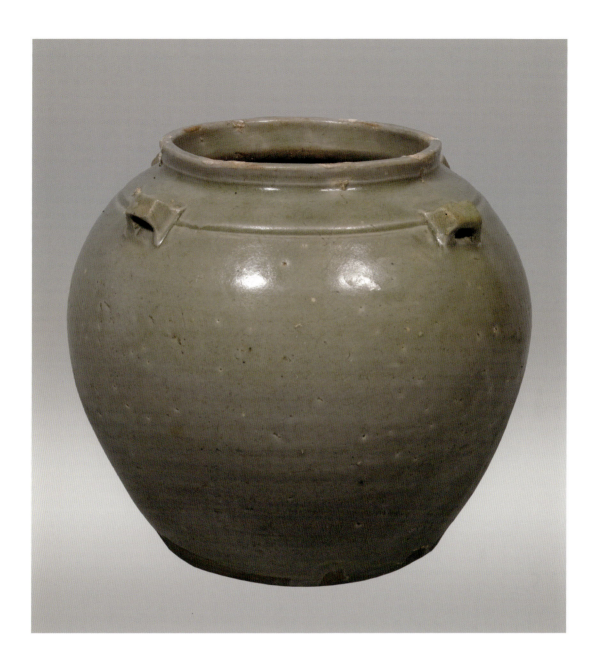

25
唐

褐釉瓷盂

瓷
高 4 厘米　口径 4 厘米　底径 4 厘米

　　敛口，丰肩，扁圆鼓腹，平底。器形扁平，线条圆润优美，外壁施褐釉，施釉不到底，腰部以下无釉，釉后凝聚处呈现泪痕状，釉色不均，有小开片。

陶瓷器

26
唐

盘口白釉瓷唾壶

瓷
高 12 厘米　口径 6.5 厘米　足径 7.9 厘米

　　盘口，口沿外卷，束颈，溜肩，圆腹，饼形底微外撇。器身施白釉，施釉不到底，釉层较薄，有脱釉现象。器物造型浑圆大方，多为古代贵族所用的卫生器具，是古代社会精致生活的一种见证。

27
唐

越窑青瓷盒

瓷
高 3.8 厘米 直径 9.3 厘米

　　瓷盒呈圆形，直口直腹，腹下内收，平足，足底有红色支烧痕迹。盒盖面平顶，直口，上下子母口扣合。盒里外及足底施满釉，釉色青黄，釉薄而匀，素面，整体无装饰。唐代瓷盒多为日用品，用于盛放妇女化妆品或者香料等，是浙江越窑瓷器中的代表作品。

28
唐

越窑青瓷盂

瓷
高 4.5 厘米 口径 3.4 厘米 底径 3.7 厘米

　　直口，无颈，丰肩，肩部有四条对称
压印纹，俯视如含苞莲花，肩下渐收，平底。
此器制作精巧，内外施青釉，釉色均匀，
底部露胎。

29
五代十国

越窑荷花形盏

瓷
高 7.5 厘米　口径 9.5 厘米　足径 6.5 厘米
1988 年白鹤镇青龙村出土

　　敞口，口沿为五瓣花口状，弧腹且压
印五条棱线，腹底有两道弦纹装饰呈环状，
圈足外撇。器身内外满釉，釉色青绿。越
窑是唐代至宋代初期著名的瓷窑，有"千
峰翠色"、"类冰"的称号，其中碗、盏
的造型丰富，有荷花状、海棠花状和葵瓣
状等。这件茶盏器型敦厚大方，青釉饱满，
宛如一朵盛开的荷花，是越窑的精品。

30
五代十国

越窑花口碗

瓷
高 5.5 厘米 口径 15.6 厘米 足径 7.5 厘米

敞口，碗口呈现五瓣海棠花叶状，碗壁内外可见弦状拉坯痕迹，浅腹，矮圈足。内外施青釉，底部亦施釉，釉层较薄。胎体粗糙，内外壁均可见明显杂质。

31
宋

越窑瓜棱形执壶

瓷
高 24.5 厘米 口径 11.8 厘米 底径 8 厘米
赵巷镇千步村出土

　　撇口，直颈，瓜棱形椭圆腹，一侧置弯曲的长流，一侧置曲柄，流与柄之间有五边形系，系正中饰有花纹，圈足。器型修长，器身有细小的开片，通体施青绿色釉，施釉不到底，器底和圈足有露胎，是宋代越窑执壶的典型器。执壶又称"注子"，是古代酒器而非茶具。

32
宋

越窑瓜棱形执壶

瓷
高 19 厘米 口径 10 厘米 足径 7.4 厘米
赵巷镇千步村出土

撇口，直颈，瓜棱形椭圆腹，一侧置
弯曲的长流，一侧置扁平曲柄，流与柄之
间有对称鸡心状竖系，系上饰有模印火焰
纹，圈足。器身有细小的开片，通体施青
绿色釉，是宋代越窑执壶的典型器。

33
宋

景德镇窑青白釉刻划花卉纹碗

瓷
高 6 厘米 口径 18 厘米 足径 5.9 厘米

敞口，斜壁，饼形底，器物造型灵动
而轻巧。内壁边沿以花卉纹装饰，线条流
畅，纹饰清晰。胎体轻薄，通体施青白釉，
足底无釉，釉色细腻莹润，白中闪青，青
中有白。

34
宋

同安窑青釉刻花盏

瓷
高 6.7 厘米　口径 16 厘米　足径 4.7 厘米

　　敞口，弧腹，腹上部有折，折下渐收，圈足，胎体灰白，通体施青釉，足底露胎无釉，外壁饰有篦划纹，内壁底部无花纹，底部上方有一圈卷草纹，间杂篦点纹，纹样清晰自然，线条流畅美观。篦划纹、卷草纹及篦点纹是同安窑最普遍也是最有特征性的纹饰。

36
元

钧窑瓷碗

瓷
高 5 厘米　口径 10.5 厘米　足径 4.8 厘米

　　敞口，弧形腹，矮圈足，足微外撇。胎粗厚重，外壁及内壁口沿处施天青色釉，有淡紫色窑变斑。外壁施釉不到底，近足处、足底及内壁均素胎无釉，釉质厚润，有细小开片。

37
元

龙泉窑 "金玉满堂" 碗

瓷
高 6.3 厘米　口径 15.5 厘米　足径 6 厘米

　　敞口，圆唇，弧腹，圈足。外腹口沿
下划复线弦纹一圈，内底戳印 "金玉满堂"
吉祥语。通体施青釉，釉色青中泛黄，釉
面光亮，圈足内无釉。此器造型规整，釉
色纯净，气质淡雅，为元代龙泉窑产品。

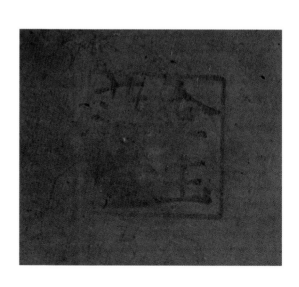

38
元

龙泉窑篦划纹碗

瓷
高 8.2 厘米 口径 14.2 厘米 足径 5.6 厘米

　　唇口，深弧腹，底渐收，高圈足。胎骨厚重。碗内外施青釉，有棕色杂质，圈足内不施釉，釉面布满大小不一的冰裂纹开片。碗底心模印花卉一朵，器外壁装饰篦划纹一周，是典型的元代龙泉窑产品。

39
元

龙泉窑青釉莲瓣纹碗

瓷
高 8.2 厘米 口径 16.1 厘米 足径 5.8 厘米

敞口，深腹，圈足。胎质坚厚。内外
施青釉，釉面有冰裂纹开片，釉呈豆青色。
圈足内、碗内底心未施釉处呈火石红。圈
足有粘砂。器外壁刻画莲瓣纹一周，纹样
工整，线条流畅，有灵动之感。

40
元

龙泉窑菊花纹盘

瓷
高 3.3 厘米　口径 12.8 厘米　足径 5.5 厘米

　　此碗造型秀美。宽板沿，深腹，矮圈足，底心凸起。通体施青釉，釉色匀净。内腹模印菊花纹一周，足底显火石红痕迹。

41
元

龙泉窑青釉盂

瓷
高 10.5 厘米 口径 4.4 厘米 足径 4.3 厘米

　　小口，圆唇外翻，短颈，丰肩，鼓腹，
下腹渐收，平底微内凹。胎骨厚重，腹部
有胎接痕。内外施青釉，釉色褐绿，釉面
有大开片。外腹施釉几乎到底，底部露出
胎体。此盂是元代龙泉窑典型器物。

42
明

德化窑梅花纹白釉杯

瓷
高 7.9 厘米　口径 10 x 13.5 厘米　足径 4.3 x 4.7 厘米

　　造型模仿犀角杯，菱形花口，削腹，
高足。胎质坚密，透光度好。通体施乳白釉，
釉色莹厚，光润如玉。杯身一侧贴塑松柏、
鹿、鹤，鹿与鹤回首相望；另一侧贴塑梅花、
鲤鱼、龙，鲤鱼与龙四目相对，寓意松鹤
延年、鱼跃龙门。此器雕塑精细，画面生动，
纹饰精良，釉色洁白，是一件明代德化窑
佳品。

43
明

德化窑瓜棱形白釉盅

瓷
高 5 厘米　口径 8 厘米　足径 3.8 厘米

　　共一对。杯体呈瓜棱状，共八棱，线
条优美柔和，身形轻巧玲珑。花口，圆唇
微侈，圈足。通体象牙白色釉，有黑色杂
质，釉色滋润。胎坚韧而细腻，朴素无饰，
纯粹以优美的造型取胜。德化窑位于福建
省德化县，始于宋终于清，是明清两代著
名的白瓷窑场。

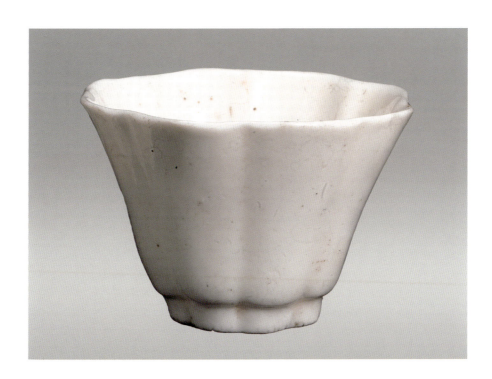

44
明

五子图五彩碗

瓷
高 5.8 厘米　口径 11.8 厘米　足径 5.9 厘米

敞口，浅腹，圈足，碗身造型似缸。釉色洁白，以红绿彩为装饰，圈足和底无釉，底部有旋纹。碗心有三点红彩，器壁为婴戏图五组，婴儿面部用红彩简单勾勒，红衣绿裤，手舞足蹈，颇为可爱。相互之间以红色彩带、红绿彩球作为装点。绘画简洁随意，童趣盎然，呈现出一派平和欢乐的景象。明代民窑彩瓷在正德时期有较大发展，嘉靖、万历时期烧造成就更为显著，主要是以红色为主的釉上彩和鲜艳的红绿彩制作为多。

46
明

景德镇窑龙纹篮式青花炉

瓷
高 7 厘米 口径 8.2 厘米 足径 5 厘米

　　敞口，束颈，深腹，圈足外撇。腹部
两侧堆贴对称的螭龙耳。腹部以双钩填彩
绘青花螭龙两条，二龙回首相望，首尾相
接。螭龙双目凸出，口含卷草，鬃毛后仰，
尾呈卷草状，体态轻盈矫健，充满活力与
动感。青花发色淡雅，蓝中带紫，胎体轻
薄，白釉细腻匀净，白中闪青，制作精细，
是明代后期景德镇瓷器。

47
明

蕉叶卷草纹青花碗

瓷
高 6 厘米　口径 14.4 厘米　足径 5.7 厘米

　　撇口，深腹，圈足，内外绘青花纹饰。
口沿内外各绘弦纹一道，碗底写草书"寿"
字，字外环饰弦纹两道。碗外部绘蕉叶、
卷草纹四组，下腹绘两道弦纹。青花发色
灰暗，胎色发灰，碗底有釉，圈足露胎，
胎质粗糙。此器画工简洁潇洒，稚朴流畅，
为明代民窑瓷器。

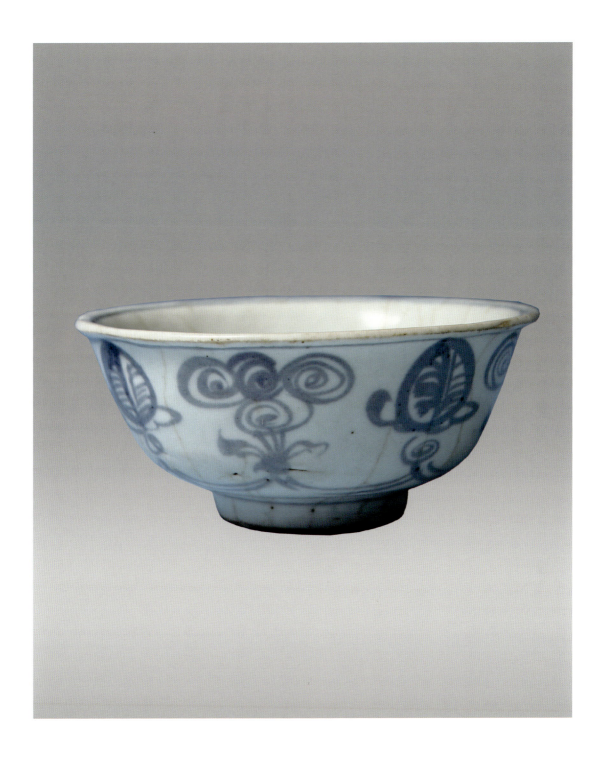

48
明

花草纹青花罐

瓷
高 10.9 厘米 口径 4.8 厘米 足径 6.5 厘米

　　直口，溜肩，圆腹，圈足。圈足露胎，胎质粗糙，器型不规整。罐身及底施白釉，白釉釉质肥腴，青花发色淡雅。颈、肩、底、圈足处分别装饰弦纹，肩部绘莲瓣纹一周。腹部绘花草纹，一蜻蜓翩然飞舞其中，小鸟立于石上悠然自得，俨然一幅野趣横生的花鸟画。画法为双勾填彩，勾勒晕染洒脱恣意。

49
明

孔雀绿香鼎烛台三供

瓷
香鼎　通高 9.8 厘米　口径 9.7 厘米
烛台　高 13.7 厘米 口径 2 厘米 足径 4.6 厘米
金泽镇出土

　　香鼎浅盘口，束颈，鼓腹，平底露胎，三神兽足，肩上设耳一对。盖呈穹顶形，一侧有孔。盖顶堆塑狻猊，回首望天，张口怒吼，颇有气势。狻猊周边装饰一周共四个贴塑梅花纹。两耳之间雕塑狮子滚绣球花纹，寓意吉庆。绣球透雕，狮口微张，均与炉腹相通，烟可从狻猊口中飘出。口沿、颈部、腹部分别有贴塑梅花纹作为装饰。一对小瓶与香鼎配套，为直口、圆唇、高圈足的蒜头瓶，颈下部有一圈凸弦纹，此对瓶既可作为陈设，亦可作烛台只用。整套器物均为灰白胎，施低温孔雀绿釉，釉色亮翠纯净，釉层薄，胎釉结合不佳，器盖、内壁口沿等多处剥落。此器纹饰多样，带有吉祥寓意。器型小巧，虽略不规整，胜在保存完整，为明后期民窑出品。

50
明

胆式蓝釉瓶

瓷
高 10 厘米　口径 1.3 厘米　足径 3.1 厘米

　　直口，长颈，溜肩，鼓腹，圈足，形
若悬胆，称胆式瓶。圈足及底部未施釉，
露出白胎，胎骨疏松。瓶身施蓝釉，釉层
较薄，露出胎色及黑色杂质。器型完整，
造型古朴大方，釉色有玻璃质感，色泽悦
目沉静。

52
清

携琴访友图筒式青花瓶

瓷
高 23.5 厘米 口径 6.2 厘米 底径 6.8 厘米

撇口，短颈，长直筒身，双层无釉底，底有旋纹。口沿施芝麻酱釉，瓶内外施白釉，紧致发亮。颈部绘兰草两丛，瓶身一侧绘芭蕉、太湖石，另一侧绘挂着拐杖的儒士遥指远处山川，童子携琴与之相对而言。此器构图疏朗有致，人物勾勒细致生动，层次分明，青花色泽干净明艳。此瓶称筒式瓶，雏形出现于明万历年间，流行于清顺治、康熙两朝。

53
清

菊瓣天蓝釉盘

瓷

高 4 厘米　口径 17.7 厘米　足径 11.4 厘米

　　浅盘敞口，呈菊花瓣状，圈足。通体施天蓝釉，釉色淡雅悦目，莹洁菁雅。圈足内施白釉，青花双圈"大清雍正年制"六字双行楷书款。菊瓣盘流行于清雍正时期，以粉彩和单色釉多见。此盘的菊瓣棱线坚韧有力，体现出雍正官窑颜色釉瓷器雅、秀、精、纯的时代特征，堪为精品。天蓝釉是含氧化钴在 1% 以下的高温釉，由"天青"演变而来，清康熙时创烧。

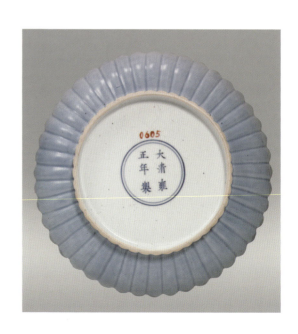

54
清

景德镇窑仿雕漆木纹釉盘

瓷
高 3 厘米 口径 20.1 厘米 足径 11.7 厘米

　　敞口外撇，浅弧腹，矮圈足。口沿描金，内腹和圈足内施仿木纹釉。外壁施红釉，仿雕漆工艺，口沿下剔刻一周回文，腹部等距离雕刻五个团寿纹，寿纹描金，底纹为锦地"卍"字纹，寓意万寿无疆。近足处刻仰莲瓣纹，圈足上阴刻一道弦纹。此盘是清乾隆年间景德镇窑出产的模仿器，包含仿雕漆、仿木纹两种工艺，效果逼真，展现当时高超的制瓷烧造技术。

55
清

松石绿地花卉纹粉彩碗

瓷
高 6.7 厘米　口径 21.1 厘米　足径 9.2 厘米

　　撇口，弧腹，圈足。口沿描金，腹内及圈足内施白釉。外壁施松石绿釉为底，一侧用红彩、黄彩绘花卉等，绿彩绘花叶，墨彩绘叶脉。碗一侧的口沿下别出心裁绘粉花一支。圈足内有青花篆书"大清乾隆年制"三行六字款。松石绿釉是清代雍正年间创烧、以氧化铜为呈色剂的一种低温釉，因釉色与松石相似而得名。釉色审美绿中泛兰，独有魅力，符合皇家的审美取向，细致之中蕴藏着皇家的华贵。

56
清

开光花卉纹胭脂红釉碗

瓷
高 7.3 厘米 口径 19.7 厘米 足径 7.4 厘米

　　侈口，唇沿较薄，深弧腹，平底，圈足。口沿描金，内腹和圈足内施白釉，釉色纯净洁白。外壁以淡胭脂红为地，深胭脂红为纹。口沿下装饰璎珞纹一周。壁上饰四个圆形花草纹开光，间以缠枝花卉纹，近圈足处绘仰莲纹一周。圈足内有青花篆书"大清乾隆年制"三行六字，整器色调娇艳。胭脂红是一种低温釉，在釉中融入极少的金而呈现犹如胭脂红色，也称金红。康熙年间从西方国家引进，精于雍正、乾隆两朝之间。

57
清

蓝地轧道皮球花粉彩碗

瓷
高 9 厘米 口径 19 厘米 足径 8.3 厘米

　　侈口，折腰，圈足微外撇。口沿描金，碗内和圈足施白釉。外壁蓝釉地上轧印细致的凤尾纹，主题纹饰为粉彩皮球花，圈足内有青花篆书"大清乾隆年制"三行六字款。这款瓷器采用粉彩轧道工艺，始创于乾隆时期。轧道又称雕地，宫中称锦上添花，先在白胎上用丝锦均匀拍上一层色料，再在底色上用工具刻画出细小的凹纹，从凹纹隐约可看到白胎，最后配以各种图饰。该器釉色纯净，纹饰精巧，造型别致，是一件精品轧道粉彩瓷器。

58
清

金龙纹深蓝釉盘

瓷
高 2.5 厘米　口径 28.8 厘米　足径 14.6 厘米

　　敞口，浅腹平坦，圈足。口沿酱色釉，
外壁及底足均匀施白釉，釉色滋润。内腹
满施蓝釉，口沿下蓝色稍淡，以下渐浓。
盘内有描金云龙纹。外腹用红彩简绘竹子
两丛，器底有青花篆书"大清乾隆年制"
三行六字款。蓝釉描金为元代景德镇首创，
烧制时先在坯体上施蓝釉高温烧成，继而
描绘金彩，再低温焙烧，工艺复杂。此盘
小巧玲珑，纹饰别有风趣。

60
清

豆青釉盖罐

瓷
通高 21 厘米 口径 9.2 厘米 底径 9 厘米

　　直口，短颈，溜肩，椭圆腹，圆形盖，
圈足。通体施豆青釉，釉质莹润如玉，色
调匀净，苍翠欲滴。罐盖釉色更为青翠。
器身和器盖深浅两种青釉色搭配得浑然天
成，毫无匠气。底部露胎，足内施白釉，
书青花双圈"大清雍正年制"六字双行楷
书款。瓷质盖罐始见于东汉，历代都有烧
制，造型丰富。此罐通体无装饰，然胎体
细腻，线条圆润流畅，器形憨态质朴。

61
清

六边形豆青釉瓶

瓷
高 43.4 厘米　口径 14 x 12.5 厘米　足径 18 x 15.5 厘米

　　瓶呈六边形，撇口，束颈，颈部中间饰有一道弦纹，折肩，斜弧腹，六方形二层台足微外撇，足内有青花"大清乾隆年制"六字三行篆书款。通体及足内均施豆青釉，釉质细腻匀净。由于釉层受高温焙烧，釉向下流动，口沿呈现白色。釉的流动性控制良好，器身、底足交界处以及足内外边缘施釉处理细致，无流釉现象，这些都说明清代制瓷工艺的高超技巧。

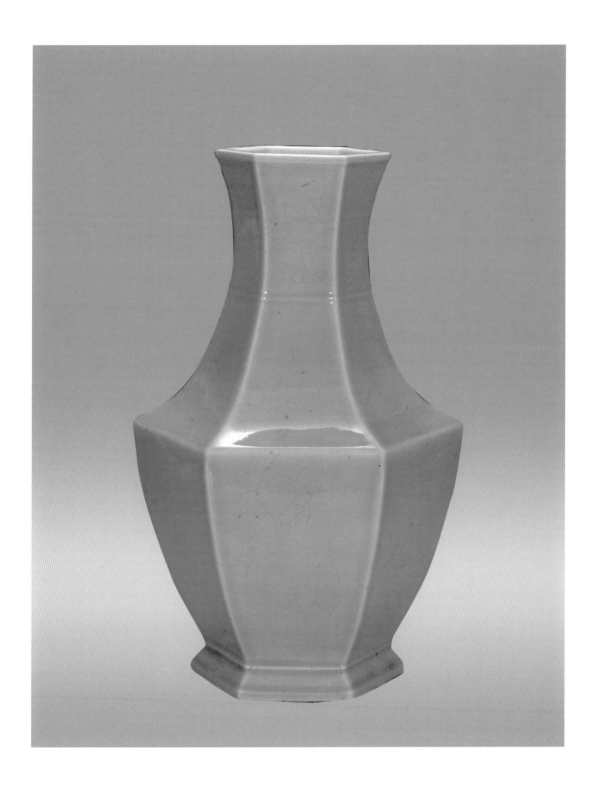

62
清

花口豆青釉盘

瓷
高 3.5 厘米　口径 21.8 厘米　足径 11 厘米

花口，斜壁，浅腹，内壁刻划有三层条带纹带组成同心圆装饰，其上细线纹似荷花瓣上细纹，盘中央为花蕊围绕的莲蓬，纹样生动自然。通体施青釉，口沿处因釉融垂现白色骨胎，形成一道圆润的白边。圈足，鸡心底，足底亦施青釉。釉色厚润，与荷花主题纹饰相得益彰。

63
清

葵口豆青釉碗

瓷
高 6.5 厘米　口径 20.6 厘米　足径 6.7 厘米

　　葵口，折沿，弧形外壁，深腹，圈足。通体施豆青釉，无纹饰。足底施白釉，有青花双圈篆书"大清嘉庆年制"六字三行款。

64
清

人物故事图五彩瓶

瓷
高 20 厘米　口径 6.2 厘米　足径 5.2 厘米

　　板沿，直颈，折肩，瓶身如截筒，瓶
底渐收，圈足，形似捣衣棒槌，俗称棒槌
瓶。内外施白釉，圈足内未施釉。颈部墨
彩绘画竹子，肩部画红彩锦地开光四组，
开光内装饰四点绿彩。腹壁主题纹样为人
物故事图，一人头戴发冠，身着绿色官袍，
发手持笏牌侧向而望，褐衣童子持扇相随；
另一侧绘太湖石、绿树、青苔与栏杆，远
处山峰隐没云雾之中。当为清早期民窑五
彩瓷。

玉石器

65
崧泽文化

玉璜

玉
高 4.2 厘米　宽 13.7 厘米　孔径 2.7 厘米
1961 年赵巷镇崧泽遗址出土

　　玉质，浅绿色，带灰白色土沁斑。形
如半壁，外缘薄，中部厚。上端齐平，下
端呈底边平直的半圆状。上部两侧各有一
对钻小圆孔，用于挂系。玉璜中央与一端
有一对同向弧形纹，为玉器加工过程中留
下的线切割痕迹。器表平素无纹，通体光
洁。

67

良渚文化

筒形玉镯

玉

直径 5.3 厘米 孔径 4.3 厘米 高 2.7 厘米

呈束腰筒形,圆孔对钻而成,内壁平直,筒壁较薄。表面光素,磨制精致。湖绿色玉质,色泽莹绿润透,保持了 4000 年前的原始玉质风貌。

70
战国

谷纹玉璧

玉
直径 15.1 厘米　孔径 5.9 厘米　厚 0.4 厘米
重固镇福泉山遗址出土

　　玉质青绿色，间杂灰白色土沁斑。内
外圈边缘均以阴刻线刻出阔边，玉璧双面
浅浮雕刻谷纹，通体满饰，排列有序，谷
粒饱满，象征刚发芽的谷种，寓意五谷丰
收。此谷纹璧加工细致，精雕细琢，线条
流畅，气韵灵动，谷纹繁而不乱，琢刻质朴，
具有玻璃光泽，为战国时期的典型风格。

71
明

透雕龙纹玉带板

玉
长 8.5 厘米　宽 5.8 厘米　厚 0.7 厘米

　　玉质青白色。长方形，双层透雕。框内主体透雕龙纹，龙圆目凸出，长角，张嘴露齿，密刻斜阴纹做鳞片，四角则饰花鸟，底层为卷云纹。从制作工艺上而言，此玉带板符合明代中期作品特点，制作程式化特点明显，双层镂雕，纹饰不再高出边框，首层用减地雕法留出主体龙纹形象，主体纹饰边缘则均匀降低，减地相对陡直。

72
明

透雕松鹿寿字纹玉饰片

玉
长 8.7 厘米　宽 6.6 厘米　厚 0.9 厘米

　　玉质白色。器呈扁平长方形，双层透雕，中部镂雕一"寿"字，四角饰蝙蝠、鹿、"卍"字符，间杂以松针，底纹为镂空卷叶纹。"寿"字的笔画表面打洼。正面碾磨抛光精细，背部平光。雕琢工艺不太讲究，线条粗犷朴实。

73
明

龙首白玉带钩

玉
长 7.8 厘米

　　玉质白色。钩背呈琵琶形，钩纽呈椭圆形。钩首作龙首反顾状，钩腹正面浮雕盘绕卷曲的小螭，螭首与龙首相对，龙眼凸出，蒜鼻翘起，龙嘴微张，吻上翘，露齿，刻上下两排牙，嘴中钻孔表示口腔。螭首上扬，耳作猫耳形，口微张，颈部长，脑后生独角，肩部前凸。螭背上刻双阴线作脊线，脊线两侧刻冰纹作肋骨，四肢显得有力，肢体关节处刻勾云纹。整体富于动感。

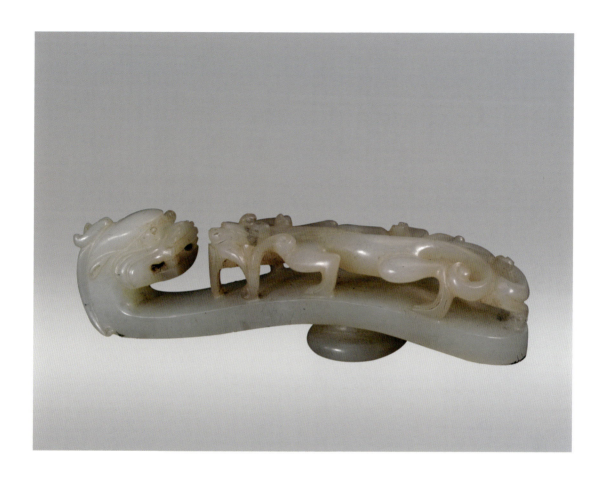

74
明

透雕龙首灰玉带钩

玉
长 14.2 厘米

玉质烟灰色。钩背呈螳螂形，龙首形
钩首，略方，圆珠眼，吻端平阔，宽嘴露齿，
如意云头鼻，扭丝状粗眉上曲，双耳后抿，
单角向后分叉。腹上透雕一爬行蟠螭与龙
首相对，螭首上扬，耳尖向上方耸立，毛
发飘拂，背脊一道阴线随形弯曲，小腿刻
密集短斜线，脚下雕刻海水江崖纹，该题
材为 "苍龙教子"。

75
明

鹅首白玉带钩

玉
长 10.5 厘米

　　玉质白色，质地温润。鹅首钩，嘴微扬，中部阴刻短曲线为唇。以椭圆形浅孔为鼻孔、眼睛，冠微凸。勾背横排长阴线为翼，根部刻卷云纹。钩身呈琵琶形，圆形纽。通体抛光，线条优美流畅，造型简洁明快，体现了明代崇尚简约明快的玉雕艺术风格。

76
明

如意纹白玉发簪

玉
长 12.7 厘米

　　玉质白色，光洁温润。蘑菇头，其上阴线雕刻如意卷云纹。簪体呈圆锥形，上部雕有一箍形圈，如意箍头，簪尾有褐色沁。

77
明

青玉发冠

玉
长 4.8 厘米 高 3 厘米

玉质青白色，有褐色沁。冠顶雕琢五
梁，以凸线间隔，两侧呈卷云状。底部为
弧角长方形。冠内镂空，底端两侧有对穿
孔眼，用于插簪笄以固发。抛光较好。

78
清

仿古谷纹青白玉方杯

玉
长、宽 7 厘米　高 3.8 厘米

　　玉质青白色。器呈方斗形，两层台高
方足。方形单耳，上雕兽面，下有垂珥。
杯壁外上阴刻一周带状回形纹，中部雕减
地隐起的仿古谷纹，排列有序，每侧三行
九列。杯内光素。造型古朴典雅，仿古纹
饰简洁流畅，当为清代仿古器型。

79
清

镂细孔圆形青玉饰件

玉
直径 5 厘米

　　玉质青白色。器呈圆片状，缘内单层
透雕十字锦纹，缘外对称雕有四个镂空花
叶状装饰，可用以穿系。雕刻精细，体现
出清代苏州玉雕工艺严谨、细腻的特点。

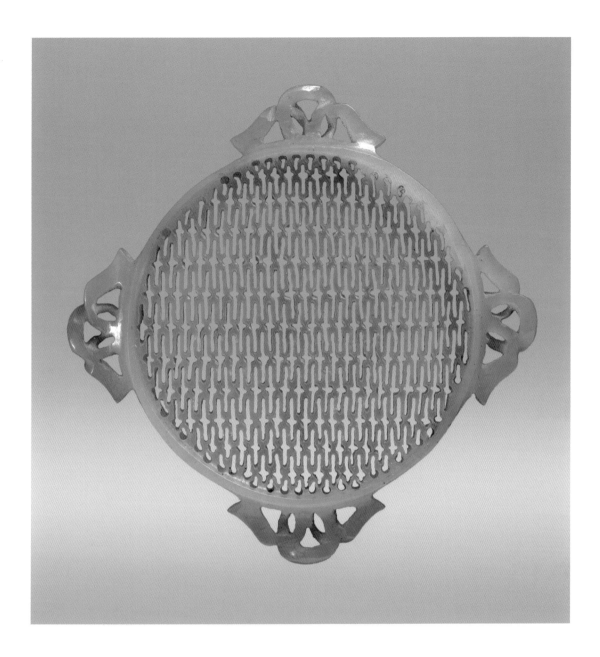

80
清

凤凰蝴蝶纹镂空白玉佩饰

玉
通长 56 厘米
凤凰饰件直径 7.2 厘米
大蝴蝶饰件宽 8.1 厘米 高 4.5 厘米
小蝴蝶饰件均宽 3.8 厘米 高 2.9 厘米

　　整个挂饰由四件玉片组成，均为白玉质，以彩色丝绦连缀。最上端一件为圆形，透雕双凤穿牡丹花。其余三件为镂空雕蝴蝶形玉片，一大两小，形制基本相同。均为单面雕工，背面打磨光滑，无纹饰。玉片间丝绦为墨绿色，盘如意结，串尾为金黄色丝穗，均为原物。此串玉佩玉质洁白，雕工精细，串连讲究，当为贵族妇女之饰物。

81
清

花瓶形镂空白玉饰

玉
高 7.3 厘米

玉饰一对，玉质青白色，器呈扁平片状。镂空雕出一双耳瓶，瓶内插三戟，瓶身下部阴刻团寿纹。戟为古代兵器，后戟也成为官阶、武勋的象征。瓶盛三戟取"平升三级"之谐音。背面光素无纹。

82
清

如意寿字白玉发簪

玉
长 11.5 厘米

玉质白色。簪首呈梅花圆形，中心为
寿字菊花纹，周边为四个如意纹。簪杆长
条状，略弯，末端稍尖，光素无纹。玉质
洁白莹润，雕工细腻简洁，通体打磨圆润，
是一件典型的清代玉簪精品。

83
崧泽文化

石斧

石
长 18.3 厘米 刃宽 5.2 厘米

　　石质青灰色，斧身呈扁平梯形，上窄
下宽，中间较厚实，两侧趋薄，刃部微弧，
略向外翘，已开刃，有使用痕迹。上部正
中有一圆孔，两面对钻而成，孔壁有明显
台阶痕。石质细腻，纹理清晰，器表磨制
光滑，边棱笔直挺括，是崧泽文化中代表
性生产工具。

84
崧泽文化

石凿

石

长 18.5 厘米 宽 3 厘米

　　石质灰白色，长条窄身，断面呈方形。
上端略薄，下端略厚，背面较平，腹面略
呈凸弧面，腹面略宽于背面。平顶，单面锋，
刃部较直，通体磨光，有使用痕迹。

85
崧泽文化

石锛

石
长 24.4 厘米 宽 5.3 厘米

石质深灰色。长条形，断面呈长方形，体扁平，平顶，单面锋，刃锋较长且锋利。下半部和刃部磨制抛光较细，顶端和边缘留有打制时的石片疤痕。形体硕大，制作精良，是崧泽文化时期上海先民用于耕垦砍伐的典型石器。

86
良渚文化

斜柄石刀

石
长 24.4 厘米 宽 5.3 厘米

　　石质砖红色。器呈扁平弧形，前锋较
尖，尾部较宽，弓背，两面刃，刃部平直，
柄部上翘。通体磨光。

87
良渚文化

柳叶形石镞

石
长 10.3 厘米 镞宽 2.1 厘米

石质淡黄色。柳叶形，窄叶尖锋，扁镞，
镞和身两侧有脊，断面呈菱形。通身磨光，
是原始先民用于渔猎采集的工具。

88
广富林文化

半月形双孔石刀

石
长 11.2 厘米　宽 4.3 厘米

　　石质青灰色。器呈半月形，厚背薄刃，
刃部平直，背部近顶端有两个对钻圆孔，
另随机分布有二十余个未穿透的管钻旋
纹，是一种收割工具。

89
新石器时代

石纺轮

石
直径 6 厘米　厚 1.2 厘米

　　石质灰紫色，扁平圆饼形，中有对钻圆孔。石质粗粝，但磨制规整，是新石器时代上海先民用以捻线的纺织工具。

90
马桥文化

风字形石钺

石
长 14 厘米 刃宽 11 厘米

石质青灰色。器呈"风"字形，肩窄刃宽，两侧略向内收，边角有切割痕，圆弧呈斜磨刃状，有明显使用痕迹。上部两角呈阶形，中有一对钻孔。是重要的武器或耕垦工具。

91
马桥文化

石矛

石
长 7.9 厘米　肩宽 4 厘米

石质青灰色。横剖面为三角形，中部
略厚，两面刃，一侧肩部有一对钻圆孔。
通体光滑，富有玉质感。是原始先民用于
战争或渔猎的工具。

铜铁银器、铜造像

92
春秋

青铜云雷纹勾鑃

铜

1　通高 29.5 厘米　柄长 14.5 厘米　铣间 17.5 厘米　铣长 13.9 厘米　舞修 14.5 厘米　舞广 10.4 厘米
2　通高 20.8 厘米　柄长 11.8 厘米　铣间 13 厘米　铣长 9.4 厘米　舞修 10.7 厘米　舞广 7.7 厘米
3　通高 14.5 厘米　柄长 9.8 厘米　铣间 9.8 厘米　铣长 7.2 厘米　舞修 8.5 厘米　舞广 5.8 厘米
淀山湖遗址出土

共出土三件。腔体均呈复瓦形，内腔有一凸棱，于口弧曲，两铣角下垂。平舞，长柄，柄断面为长方形，近舞粗大，腔体下部近舞处饰三角云纹与云雷纹。勾鑃为春秋战国时期吴越地区特有的乐器，大小相次成组。用时执柄口朝上，敲击器身两面，在祭祀或宴飨时演奏。此组器物为上海地区仅见的青铜乐器。

1

2

3

93
战国

蟠蛇纹铜敦

铜
高 12 厘米　口径 17.3 厘米

　　敛口，束颈，半球形腹，双环耳，圜底，短蹄足。盖已缺失，器、盖以子母口相扣合，器口相合处内凹。外腹部满饰蟠蛇纹，为战国中期器物。敦是盛黍稷用的食器，圜底敦的器与盖是相同的半球形，整体成球形。

94
战国

错金银铜带钩

铜
长 9.7 厘米

　　钩首呈鸭嘴形，钩体长琵琶形，钩纽
靠近尾端。钩面错金银纹饰，部分金已脱
落。带钩起源于新石器时代，主要有束带
与佩系两大用途。在古代，着冠、束带是
政治身份的象征。带钩的约束功能引申出
严谨修持、洁身自好的文化意义。

95
汉

铜鼎

铜
通高 15 厘米　通宽 21.8 厘米　口径 14.5 厘米

　　鼎作扁球体，有偏弧形盖。盖上设三个环钮，钮上有圆锥体柱。敛口，鼓腹，圜底，方附耳，短蹄足，耳足不重合。鼎发源于新石器时代，其使用一直延续到秦汉时期。鼎是煮食物的炊具，也可以盛储食物，是贵族宴飨、祭祀时使用的礼器。

96
汉

羊纹髹漆铜铣

铜
高 11.5 厘米 口径 26.7 厘米 底径 16 厘米

侈口，斜折沿，深腹，平底，矮圈足。腹壁上有一道凸弦纹，下有三道。两侧附铺首环耳，内底铸有羊形图案与云纹，腹壁满饰黑红白三色髹漆纹饰。铣是汉代新兴的一种青铜器，旧说它是沃盥（一种洗手方式）时承水之器，现有研究认为其为汉代文献中提到的杅，为盛酒之器。

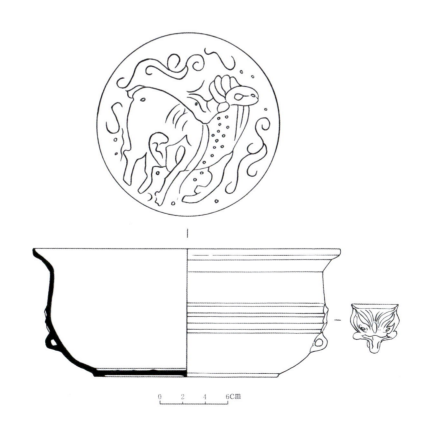

97
汉

铺首衔环铜壶

铜
高 26.7 厘米 口径 10.5 厘米 足径 12.5 厘米

　　侈口，长直颈，斜肩，圆鼓腹，高圈足。肩部置有铺首衔环一对，肩腹部饰有三道等分宽凸弦纹。与其他地方出土的两汉圆壶近似。壶是盛酒器，有时也用来盛水。始见于商代中期，流行于西周至汉代。

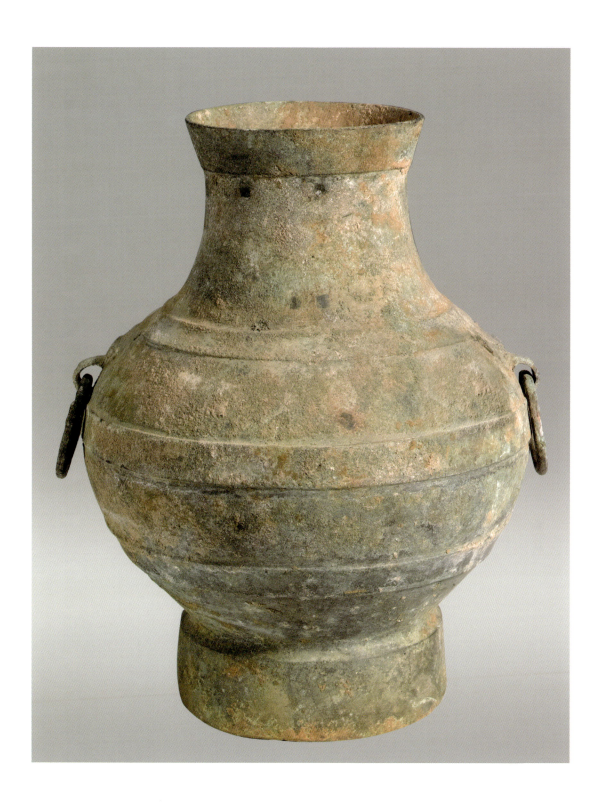

98
南北朝

弩机

铜
通长 12.7 厘米　通宽 11.7 厘米

　　此件弩机铸造精良，机关巧妙，通体
几无锈蚀，各部件均可自由活动。弩机是
弩的最重要组成部分，用于扣弦和发射。
我国在战国时期已经出现弩机，它在冷兵
器时代的战争中起到了重要的作用，大大
提高了弓箭的射程和精准度。

99
汉

"见日之光"连弧纹镜

铜
直径 13.6 厘米

　　圆钮，柿蒂形钮座，钮座外为单线方框。内区为双线方框，框内有十二字铭文："见日之光，若月之明，所言必当。"外区饰四乳钉及草叶纹，边缘饰十六内向连弧纹。"见日之光"是汉代铜镜常见的铭文。"所言必当"意思是说出的话一定恰当，是一句祈福语。"见日之光"连弧纹镜是出土数量最多、流行范围最广的汉镜之一，见于汉武帝后期至新莽时期。

100
汉

博局纹镜

铜
直径 13.6 厘米

　　圆钮，柿蒂形钮座，钮座外为双线方
框。主题纹饰为 TLV 纹样博局纹，以草叶
纹为地。素宽缘。博局纹镜是汉代最流行
的铜镜之一，新莽、东汉时期常见。博局纹，
又称规矩纹、TLV 纹样，较多学者认为它
与六博棋有关，六博是汉代流行的一种对
弈游戏，TLV 纹样是博局盘上行子的界栏。

101
汉

"青盖作竟" 龙纹镜

铜
直径 13 厘米

　　圆钮，圆形钮座。内区饰龙纹，外区
的两道弦纹内有二十八字铭文："青盖作
竟四夷服，多贺国家人民息，胡虏殄灭天
下服，风雨时节五谷熟。"边缘饰三角锯
齿纹两周，其中间隔弦纹一道。镜铭祈福
国家太平、人民安居乐业，表现了汉时百
姓对安定幸福生活的追求。青盖，在汉代
是皇太子、皇子所乘之车，借指帝王。

102
唐

素镜

铜
直径 11.6 厘米

　　圆钮，无钮座。以一道凸弦纹间隔出
内外两区，皆光素无纹。质地普通，锈蚀
较严重。这面铜镜为唐代平民所用。

103
宋

亚字形缠枝花草纹镜

铜
长、宽 16.4 厘米

　　亚字形，圆钮，无钮座。以一圈连珠
纹隔出内外两区，内区主题纹饰为纤细的
缠枝花草，外区无纹饰，素缘。亚形镜流
行于唐末五代至北宋时期。缠枝花草纹流
行于宋代，采用细线浅浮雕的表现形式，
风格素雅柔美，一如当时的工笔花鸟画。

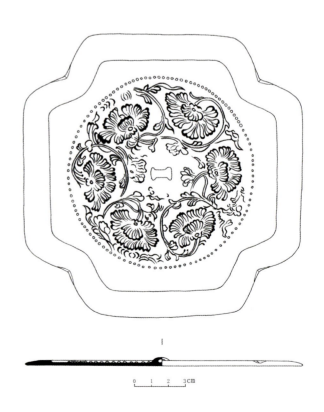

0　1　2　3CM

104
宋

菱花形花草纹镜

铜
直径 25 厘米

　　八瓣菱花形，圆钮，无钮座，装饰缠枝花草四株，素缘，有锈蚀。中国铜镜在唐代以前以圆形为主，唐代首创菱花形、葵花形、亚字形等花式镜。该镜纹饰运用粗线条勾勒，风格自由散漫。

105
明

"五子登科"镜

铜
直径 27.4 厘米

　　此镜型体硕大，圆形，圆钮，圆钮座。钮座外满饰婴戏图，其中有对称的四个凸起方框，框内楷书"五子登科"四字。镜缘弦纹两道。据《宋史·窦仪传》记载，宋代窦禹钧的五个儿子仪、俨、侃、偁、僖皆品学兼优，相继登科及第，故称"五子登科"。该词常用作希冀科举及第的吉祥语。

106
明

"天启五年"款铜佛钟

铜
高 36.5 厘米 口径 26 厘米

　　乐器、佛教法器，铸于明天启五年（1625）冬季。交龙蒲牢钮，钟体上部饰俯莲瓣纹，中部饰卷草纹带，下部饰回纹带。蒲牢是龙九子之一，生性好鸣，声音洪亮，故以其形象铸造钟钮。卷草纹带以上铸有"帝道遐昌"、"佛日增辉"、"皇图永固"、"唵部临"，以下铸有"天启五年仲冬"。"唵部临"是大轮一字咒，能够帮助一切真言迅速取得成就，故在祝愿帝道遐昌、佛日增辉、皇图永固之后加诵此咒。该钟有明确纪年，可以作为断代的标准器。

107
清

王昶铜印

铜
通长 2 厘米　通宽 2 厘米　通高 2.8 厘米

　　王昶私印，方章，台钮。印面凿刻"王昶之印"四字白文缪篆，篆法妥帖，刀法劲挺，章法饱满，是一方模仿汉印的佳作。

　　王昶（1725—1806），字德甫，号述庵，又号兰泉，青浦朱家角人。清乾隆十九年（1754）进士，官至刑部侍郎，系清代乾嘉学派的代表人物，"吴中七子"之一，好金石考据之学，编成《金石萃编》一百六十卷；能诗善文工书，著有《春融堂集》六十九卷等。

108
清

青浦学宫铜编钟

铜
高 31 厘米 口径 17 厘米

　　共 14 枚，清光绪四年（1878）铸。
尺寸基本一致。交龙蒲牢钮，钟身成鼓状，
其上铸有云龙纹、音律名称及"光绪四年"
款，音律名称为阳文篆体。本器为"蕤宾"，
属古乐十二律中的第七律。编钟一组应为
16 枚，其中"夹钟"和"姑洗"遗失。青
浦学宫于明万历元年（1573）建，用以祭
祀孔子、培养人才和庋藏经籍。此套编钟
为祭孔大典中使用的乐器。

109
近代

法国累金丝花草纹玻璃镜铜盒

铜
长 9.7 厘米 宽 6.6 厘米 高 3.4 厘米

　　铜胎，长方形，圆弧角。盖面及侧面镶嵌累金丝花草纹，中有翻盖转轴，几处泛有铜绿锈。盖内附玻璃镜，盒底冲印巴黎 A.B 公司的注册商标，系法国制造的进口品。此盒制作精致华丽，为贵族女性用品。

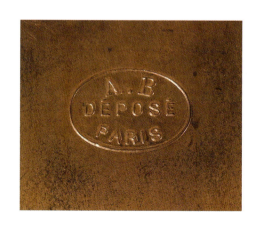

110
明

释迦牟尼铜像

铜
高 19 厘米　底座长 5.6 厘米　底座宽 3.3 厘米

　　此像名为"成道像"，表现的是释迦牟尼在菩提树下成道的瞬间。造像螺发肉髻，头顶有摩尼珠，双耳硕大，双目下视，鼻尖嘴小，神情庄严。身着袒右肩袈裟，左手结禅定印，右手结触地印。结跏趺坐于莲台之上。莲座下端刻有铭文："□无影景泰六年造佛四月八日。"

111
清

阿弥陀佛铜鎏金像

铜
高 10 厘米　底座长 6.7 厘米　底座宽 4.9 厘米

　　螺发肉髻，二耳硕大，额前有白毫，
双目俯视，面相祥和。袒胸，胸前饰"卍"
字符号。帔帛披肩，左手置于脐间结禅定
印，右手垂于膝前结施与愿印。结跏趺坐
于莲台之上。阿弥陀佛，又称"无量寿佛"、
"无量光佛"，曾发大愿，建立西方净土，
广度无边众生。

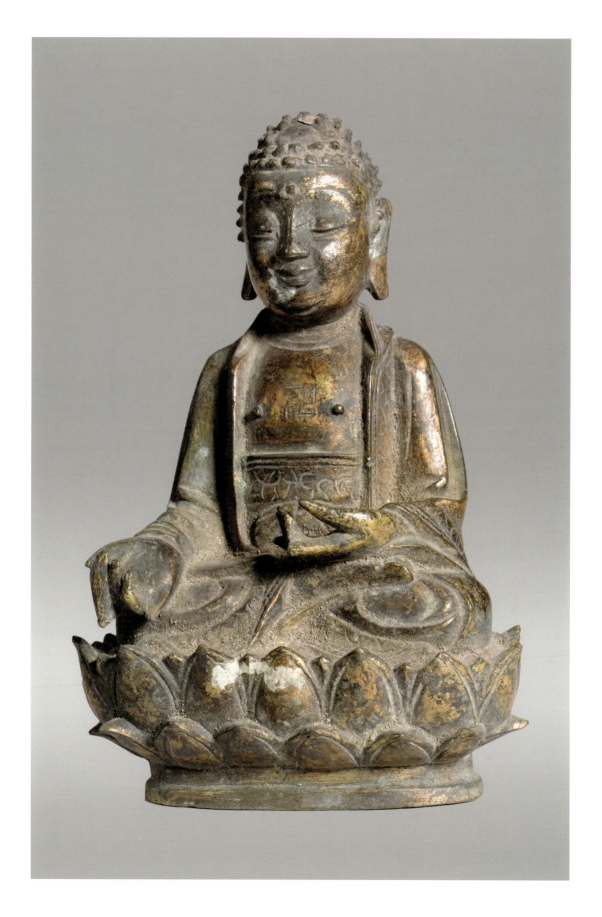

112
清

药师佛铜像

铜
高 10 厘米 底座长 6.7 厘米 底座宽 4.9 厘米

　　螺发肉髻，头顶有摩尼珠，二耳硕大，额前有白毫，双目俯视，鼻梁高挺，面相庄严。身披一体袈裟，双手结禅定印，托一个药钵，结跏趺坐于磐石之上。

113
清

观音菩萨铜鎏金像

铜
高 16 厘米 底径 6.2 厘米

　　头戴天冠，其中有化佛，束发垂于双
肩。面如满月，鼻梁高挺，嘴角略带笑意。
肩臂披帔帛，胸前佩戴花环，腰束罗裙。
右手托开敷莲花（已佚），左手做出要打
开莲花的姿势。结跏趺坐于莲台之上。

114
清

文殊菩萨铜像

铜
高 16.5 厘米 底座长 10.5 厘米 底座宽 7.6 厘米

　　此文殊菩萨像为藏式。面容丰满，头
戴五叶宝冠，束冠的缯带飘于双耳侧，双
目俯视，神情祥和喜悦。袒露的上身佩有
璎珞、臂钏等，左手持莲花蔓枝，右手结
说法印。莲花花瓣至双肩盛开，左花托经
书，右花托宝剑。结跏趺坐于莲台之上。

115
清

绿度母铜像

铜
高 14.5 厘米 底座长 8.2 厘米 底座宽 5.7 厘米

　　此造像头戴五佛冠，面容姣好，嘴角微露笑意。上身袒露，饰项链及臂钏，手臂后生出乌巴拉花蔓枝，至双肩处盛开。右手置膝上，结施愿印，左手于胸前结说法印。右脚下垂，踩一枝莲蓬，左脚单盘，坐在莲座上。

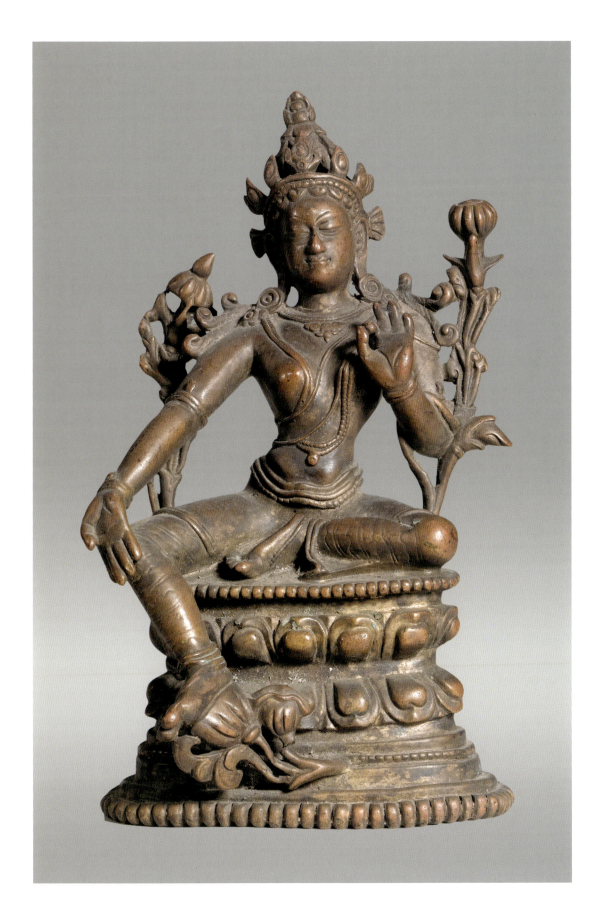

116
清

白度母铜鎏金像

铜
高 10.5 厘米　底座长 7.4 厘米　底座宽 5.7 厘米

此尊度母面生三目，手心与脚心各生一目，共有七只眼睛，故可定名为白度母。头戴佛冠，头微微上扬，面目慈祥，戴大耳饰。袒露上身，装饰璎珞、臂钏等。双手执乌巴拉花蔓枝，至双肩处盛开。右手置膝上，结施愿印，左手于胸前结说法印。右脚下垂，踩一朵莲花，左脚单盘，坐在莲座上。

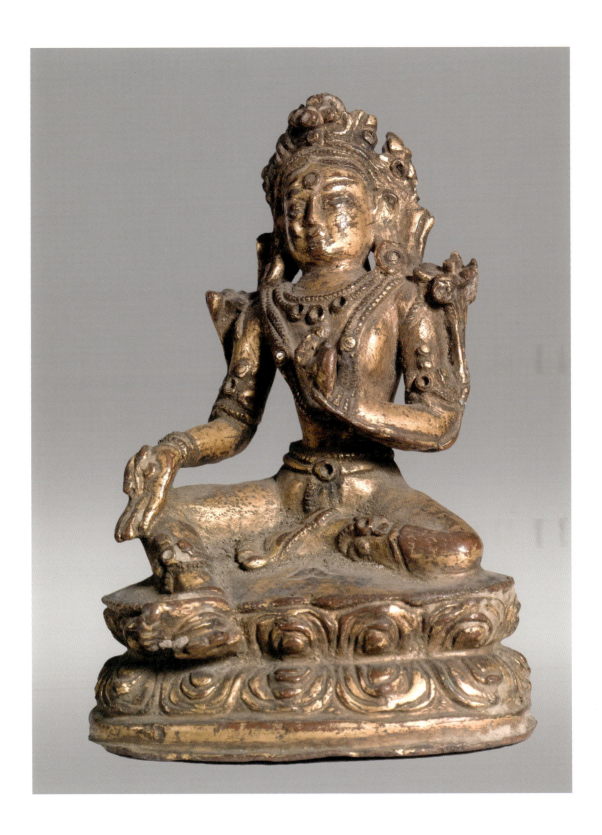

117
元

"皇庆二年"铁权

铁
高 12 厘米 口径 17.3 厘米

衡器。方鼻钮，权身呈上大下小的椭
圆形，底足呈椭圆形。正面铸阳文"皇庆
二年"，背面刻"二卜"。"皇庆"是元
仁宗爱育黎拔力八达的年号，"皇庆二年"
即 1313 年。元代秤砣的大量出土，反映
了当时商业贸易的繁荣。

118
清

雌雄铁剑

铁
通长 74.5 厘米

　　两柄剑大小相同，各为剑之一半，剑
身、剑镡、剑柄、剑首的一侧为立体，另
一侧为平面，两剑相合成一整剑。剑身铁
质，剑鞘、剑镡、剑柄和剑首为木质，剑
鞘中间有隔板。未开刃，各部分均光素无
纹饰，应非使用器。该雌雄剑为清代著名
学者王昶旧藏。

119
清

黑漆嵌螺钿银方杯

银
高 4.5 厘米　口径 5.8 厘米　底径 3.2 厘米

　　银质酒盅，一套十件。升斗形，委角，方圈足。银胎，外髹黑漆，用螺钿镶嵌出人物风景图案，图案简练生动，色彩自然华丽，彰显出古人把酒对酌时的雅致情调。

120
民国

"沈涌裕" 款银餐具

银
豆 高 11 厘米 口径 17 厘米 足径 9 厘米
筷 长 21 厘米
筷架 长 2.5 厘米 高 2.9 厘米
汤匙 长 13 厘米
酒杯 高 3.7 厘米 口径 5.4 厘米 足径 2.4 厘米
碟 高 2 厘米 口径 8 厘米 足径 4.3 厘米
牙签插 高 6.5 厘米 底径 2.5 厘米
香烟火柴架 高 12 厘米 底长 17 厘米 底宽 12 厘米
花卉纹碗 高 5.1 厘米 口径 10.5 厘米 足径 5.2 厘米
"长命富贵" 碗 高 4.6 厘米 口径 10 厘米 足径 5.1 厘米
"瓜瓞绵延" 碗 高 5.5 厘米 口径 10 厘米 足径 4.8 厘米
"长宜子孙" 碗 高 4.8 厘米 口径 9 厘米 足径 3.1 厘米

　　此银餐具成套呈现，共 53 件。配置
齐全，造型端庄，纹饰錾刻精美，由四个
凤穿牡丹纹豆、四对银碗（分别装饰花卉
纹、"瓜瓞绵延"、"长命富贵"、"长
宜子孙"）、八双带链筷、八只筷架、八
个六边形松鹤纹小碟、八个莲蓬纹汤匙、
八个松鹤纹酒盅、一对花苞状牙签插、一
对花朵状牙签插、一副香烟火柴架组成。
此套银餐具既采用中国传统的造型和纹
饰，又吸收西方餐具的形制和装饰元素，
反映出近代上海受西风影响的中西合璧的
时代特征。因勺柄背面模印银楼名号"沈
涌裕"，故这套银餐具系清末民初朱家角
镇著名银号"沈涌裕"所打造。

钱币

121
战国

"安邑二釿" 布

铜
长 6.3 厘米　宽 3.8 厘米　重量 25 克

　　铲形，首部平实，圆肩，圆裆，平足，
有郭。面铸"安邑二釿"四字，"安邑"
系魏国早期都城，在今山西夏县，"釿"
为币制单位。釿布大多出于魏国辖区内，
形体较大，铸行时间约在战国早中期。

122
战国

"明化" 圆钱

铜
直径 2.5 厘米 穿宽 0.9 厘米 重量 3.5 克

　　圆形，方孔，无郭，面文"明化"。"明化"又称"燕化"，是战国末年燕国所铸小圜钱。"明化"圆钱值相当于一刀，形制、称量与秦汉方孔小圆钱近似，可视为方孔圜钱之雏形。

123
南朝

太货六铢

铜
直径 2.4 厘米　穿宽 0.8 厘米　重量 3.6 克

　　圆形，方孔，内外有郭。面文篆书"太货六铢"，直读，光背无文。此钱铜质优良，轮廓整齐，铸造精妙绝伦，居南朝之冠，极为少见。此钱是南朝陈宣帝太建十一年（579）所铸的六铢钱，一枚当五铢十枚，后改成当一钱。

124
北宋

太平通宝

铜
直径 2.4 厘米 穿宽 0.6 厘米 重量 3.8 克

　　圆形，方孔，内外有郭。面文隶书
"太平通宝"，直读，光背无文。此钱属
太平通宝小平钱，为宋太宗太平兴国年间
（976—984）所铸。太平通宝分铜、铁两种，
面文分隶书、篆书两种，开宋代以后铸造
年号钱、对书钱和御书钱之先河。

125
北宋

宣和元宝

铜
直径 2.4 厘米 穿宽 0.6 厘米 重量 4.1 克

　　圆形，方孔，内外有郭。面文"宣和元宝"，分篆、隶、楷书三种，直读，光背无文，属小平钱，为宋徽宗宣和年间（1119—1125）所铸。徽宗朝铸造的钱币，制作精良、面文书法丰富多彩。

126
金

阜昌重宝

铜
直径 3.5 厘米　穿宽 0.8 厘米　重量 9.9 克

　　圆形，方孔，内外有郭。面文楷书"阜昌重宝"，直读，光背无文。此钱是伪齐政权在阜昌年间（1130—1137）铸造的钱币。钱文清晰秀美，铸造精整。由于刘豫伪齐政权存在时间不长，加之阜昌钱的流通区域仅限于北方局部地区，故阜昌钱铸造发行数量不多。

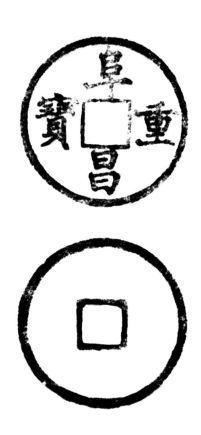

127
南宋

建炎通宝

铜
直径 2.6 厘米 穿宽 0.7 厘米 重量 3.5 克

　　圆形，方孔，内外有郭。面文楷书"建炎通宝"，直读，光背无文。此钱为宋高宗赵构建炎年间（1127—1130）所铸。钱文秀美，轮廓整齐。此币"建"走之旁上方有一"、"，俗称"点建"建炎，存世稀少。

128
南宋

淳熙元宝

铜、铁
直径 2.8 厘米 穿宽 0.7 厘米 重量 5 克（铜）、6.5 克（铁）

　　方孔，内外有郭。面文楷书"淳熙元宝"，顺读。两钱一枚光背无文，材质为铜；一枚背文"泉"，材质为铁。钱文秀美，铸造精细，轮廓整齐。淳熙元宝系南宋孝宗淳熙年间（1174—1189）所铸。

129
元

龙凤通宝

铜
直径 3.3 厘米 穿宽 0.8 厘米 重量 10.3 克

圆形，方孔，内外有郭。面文楷书"龙凤通宝"，直读，光背无文。此钱属折三钱，铜赤如金，钱体浑朴，文字优美，制作精良，比较罕见。元末红巾军首领刘福通拥韩林儿为帝，国号"宋"，建元龙凤，并铸龙凤通宝钱。

130
明

大中通宝

铜
1 直径 3.9 厘米 穿宽 1 厘米 重量 17.3 克
2 直径 3.3 厘米 穿宽 0.9 厘米 重量 9.7 克

　　圆形，方孔，内外有郭。面文楷书"大
中通宝"，直读。两钱一大一小，背文皆
"浙"，为明代所铸。币身略薄，字体优美，
布局疏朗。元至正二十一年（1361），朱
元璋被韩林儿封为吴国公，铸大中通宝钱，
又叫吴国公钱。朱元璋称帝后于明洪武四
年（1371）再铸大中通宝钱，背文往往加
铸"北平"、"豫"、"济"、"京"、"浙"、
"福"、"鄂"、"广"、"桂"等地名。

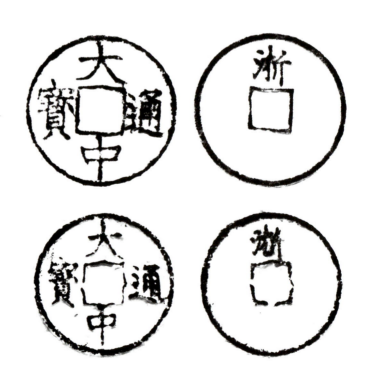

1

2

131
清

太平天国圣宝

铜
直径 2.7 厘米 穿宽 0.7 厘米 重量 8.8 克

　　圆形，方孔，内外有郭，是太平天国
的铸币。版式较多，一种为面文"太平天
国"，直读横读皆有，背铸"圣宝"字样，
也有光背无文；或有版式面文为"太平圣
宝"。

132
日本

宽永通宝

铜
直径 2.4 厘米　穿宽 0.7 厘米　重量 3.5 克

　　圆形，方孔，内外有郭。面文楷书"宽
永通宝"，直读，光背无文。铭文字体优美，
轮廓分明。"宝"字末二三笔相连，俗称"连
足宝"，应为宽永十三年（1636）至宽文
七年（1667）所铸的 "古宽永"。宽永通
宝于后水尾天皇宽永二年（1625 年，明天
启五年）始铸，后因德川幕府灭亡而废止，
是日本历史上铸量最大、铸期最长、版别
最多的一种钱币。因为长期的中日贸易及
交往，宽永通宝不断流入我国，是我国数
量最多的外国钱币之一。

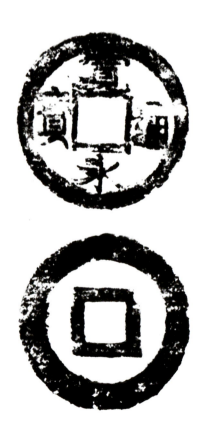

133
明

银锭

银
通长 7.7 厘米　通宽 5.3 厘米　通高 2.9 厘米　重量 362 克

中间束腰，周缘翘起，形成一个双翅，翅身略损，高低不平。中间立面外侧及底部分布着蜂窝状较深较密、大小不均的气孔，锭身无铭文。银锭是熔铸成锭的白银，以"两"为主要重量单位，又称银两。

134
清

银锭

银
1 通长 6.4 厘米 通宽 3.7 厘米 通高 5 厘米 重量 398 克
2 通长 6.4 厘米 通宽 4 厘米 通高 4 厘米 重量 377 克

此对银锭圆底船型，边沿翘起，形成
一个双翅，周身因氧化而泛黑。一枚底部
圆润，一枚底部蜂窝状孔隙明显。银锭锭
面有水波纹，中心微凹，凹处泛光。

1

2

135
清

"元和县倪德升" 款银锭

银
通高 2.9 厘米 直径 3.9 厘米 重量 179 克

　　为十两银锭，半球形，镜面上有一凸
钮，通体银中带黑，球形底部蜂窝状明显。
镜面正上方戳印阳文"十三年八月"字，
右边戳印阳文"元和县"三字，左边竖排
戳印阳文"倪德升"。"倪德升"为清同治、
光绪年间江苏官银店之一，专为官府铸造
税银。

136
清

"万载县匠咸泰"款银锭

银
通长 9 厘米　通宽 8.3 厘米　通高 5.5 厘米　重量 1839 克

方形，边沿翘起，底小面大，大气厚重，银色透亮。锭面戳印皆阳文，正上方戳印"万载县"三字，右方戳印"咸丰七年七月"，左边戳印"五十两"和"匠咸泰"。此方锭铸于江西省万载县，行文格式属"江西方宝"银锭中最具代表性的式样。"江西方宝"银锭是清朝乾隆晚期至民国初年，由江西地方官炉铸造，或由官府指定核准私炉熔铸，标准重五十两的解库官银，成色好、分量足，在银锭史上享有盛誉。

137
清

金锭

金
通长 5.2 厘米　通宽 3 厘米　通高 2.7 厘米 重量 276 克

　　元宝形，器形规整，中间略束起，周身金黄带赤，表明较光滑，边沿翘起，形成一个双翅。此金锭锭面层层向心，水波纹明显，锭面中心微凹。

138
民国

"泰亨源"款金条

金
通长 6.3 厘米　通宽 2 厘米　通高 1 厘米　重量 182.4 克

　　长条状，委角，通体金黄，表面一圈
圈匀称的向心水波纹，中间竖条戳印阳文
"泰亨源"，旁边对称竖条戳印"足赤"，
最外面对称戳印"泰亨源"，此戳应为金
店名。民国时期的金条主要作为硬通货贮
藏，使用时兑换成保值的货币银元。

139
日本明治四十五年

二十圆金币

金
直径 2.8 厘米　重量 16.7 克

　　共 10 枚，皆为机制铸币，金色鲜亮，
铸工精细。币面正上方一枚十六瓣菊纹，
中心竖排楷书"二十圆"，周边由丝带束
起的菊花和桐花的枝饰环绕，反面中间一
枚八棱镜，此镜为日皇的三神器之一，旁
边围绕着"大日本 * 明治四十五年 * 二十
圆 *"一圈楷书，对应年份为公元 1912 年。

140
近代

墨西哥戳印银币

银
直径 3.8 厘米 重量 27 克

　　墨西哥银币又叫做"墨银"或"鹰洋"，后讹为"英洋"，是指 1821 年墨西哥独立后使用的新铸币，它从 1823 年开始铸造。这 3 枚银币都是花齿边，币面为墨西哥国徽，一只鹰嘴中叼着一条蛇站在仙人掌上。背面主图中央为一顶自由软帽，帽周围放射长短不一的 32 枝光柱。币值 8 瑞尔。墨西哥银圆于 1854 年初入中国，先是在广州使用，其后流行各地，在中国南部、中部各省流通尤为广泛。

　　此枚银币墨印 "去印不换" 等文字。戳印分硬戳和软戳两种，硬戳即钢印，软戳即墨印，钱庄商号以刻章方式用墨汁敲印在币面上，用于区分钱庄银号，保证守信。

141
民国十五年

中央银行壹圆临时兑换券

纸
纵 7.8 厘米 横 12.6 厘米

　　该券为纸币，正面上方印有"中央银行临时兑换券"，中间及四角图纹中有"壹圆"面额，左右两个图景分别为帆船和轮船，图景上方两边有相同的红色号码"B069380"，下两边分别为"政务局局长章"、"金库库长之章"的红色方形印鉴，下边中间框内有"中华民国十五年印"字样。背面印有发行布告，中央是一枚红色方印，篆书"国民革命军总司令行营之印"，左右两边是阿拉伯数字"1"，四角图纹分别为"光"、"洋"、"一"、"元"。

书画

142
清
潘澄

梅柳渡江春图轴

纸本 设色
纵 162 厘米 横 66 厘米

署款：“戊子新正画□‘云霞出海曙，梅柳渡江春’之句。潘澄。”

钤“潘澄之印”白文印。

潘澄（？—1655），一作徵，或作澄，字弱水，一作若水，江苏昆山人。性狂尚气节，自言“我从冰山雪窖中来，笔底殆有神助”云。明崇祯末年（1644）与龚贤、曹学佺等十三人结诗画社，史称“玉山高隐十三家”。山水师黄公望、沈周。此画作于戊子年，即清顺治五年（1648），酒酣笔放，高岩古干，梅柳新枝，盘郁淋漓。

143
清
文点

碧山苍松图轴

绢本 水墨
纵 145 厘米 横 75 厘米

　　署款："碧山渺渺隔晴川，古柏苍松
锁翠烟。解后临翁相问讯，□桥有路访神
仙。乙亥春日写奉年道翁五十荣寿并政，
南云文点。"
　　钤"文点竺印"白文印、"五十荣寿"
白文印。

　　文点（1633—1704），字与也，号南
云山樵，长洲（今江苏苏州）人，文徵明
之后，文彭玄孙。工诗文，善书、画。喜
画山水兼善人物，尤长松竹小品。时人戏
曰："文点松，文也文，点也点。"此图
作于康熙三十四年（1695），深得徵明家
法，用笔细秀，染晕迷离，笔墨极其文雅，
堪为山水佳作。

144
清
严载

溪山访友图轴

纸本 设色
纵 121 厘米 横 59 厘米

  署款："辛丑仲春写，严载。"

  钤"烟烟神仙"朱文印、"欲沽丘壑
贩烟霞"白文印。

  严载（生卒年不详），本名怪，字沧
醋，清早期四川华阳（今成都）人。家境
极贫，但不为金钱势力所屈服，人称他为
"怪"，故他以"怪"为名。客居松江（今
属上海），以好创新奇意境而名，善画山水，
兼画花鸟。此画作于辛丑年，即康熙六十
年（1721），笔墨浓重劲挺，所现峰壑怪
石嶙峋，古木苍松遒劲。

145
清
旭林

云泉翠渊图轴

纸本 设色
纵 133 厘米 横 72 厘米

　　署款："清晨试墨写崔嵬，满目云泉
入翠渊。此景天台曾领略，乱峰深处坐苔
矶。时辛酉长至后十日，拟大痴老人笔法，
墨花禅室南林旃。"

　　钤"胡宝释印"白文印、"旭林"朱文印。

　　旭林（生卒年不详），清僧，俗姓周，
释名实旃，又名续旃。青浦朱家角圆津禅
院第七代住持，善书画，犹善写竹。此图
追求秀润之色，笔墨沉厚，画风高古，峰
峦起伏、雨雾迷蒙之境跃然纸上。此图轴
作于辛酉年，为乾隆六年（1741）。

清晨试墨写崔嵬 满目云泉
入翠微 山景天台曾领略 乱峰
深处坐苔矶 时辛丑长至后
十日拟大痴老人笔法
墨学禅室高林枋

146
清
沈宗骞

山水横披

纸本 水墨
纵 173 厘米 横 91 厘米

署款："乾隆乙卯夏六月作于研囿之君子花前，芥舟沈宗骞时年七十有九。"钤"沈宗骞"白文印、"字熙达号芥舟"朱文印。

押角钤"砚湾老圃"朱文印。

沈宗骞（1736—1820），字熙远，号芥舟，浙江乌程（今湖州）庠生，居研山湾，故自号研湾老圃。清代乾嘉时人，书画家、书画理论家。早岁能书、画，小楷、章草及盈丈大字，皆具古人神致魄力。画山水、人物传神而无不精妙。著《芥舟学画编》。他的山水画风受清初"四王"一派的影响颇多。此横批作于乾隆六十年（1795），纯用焦墨，皴擦点染，酣畅恣肆。

147
清
祁子瑞

山水横披

纸本 设色
纵 128 厘米 横 94 厘米

　　署款："高岭嵯峨出涧幽，榭中茆屋俯清流。携琴待渡频回首，夕照林峦一段秋。丁亥秋日写，博澹人姻大兄一粲，阶蕽。"

　　钤"子瑞之印"朱文印、"祁谷士"朱白文印。

　　右下角钤："虚白室"白文印。

　　左下角钤"瓶粟斋"朱文印。

　　祁子瑞（生卒年不详），初名阶蕽，字瑞，更字孝先，一字谷士，号虚白，上海松江人，贡生。清嘉庆道光间画家，擅篆刻，工山水，宗董其昌，浸淫于清初诸大家，花鸟得周之冕遗意，又工画猫。此画作于丁亥年，即道光七年（1827），气势雄浑，苍秀之中魄力沉厚。

148
清
陶焘

山水图轴

纸本 水墨
纵 143 厘米 横 79 厘米

　　署款："戊戌花朝，江东老画师陶焘写。"

　　钤"陶焘之印"白文印、"饴孙书画"朱文印。

　　右下角钤："华阳真逸"朱文印。

　　陶焘（1825—1900），江苏昆山周庄人，号治孙（亦作字），又作治生，晚号矩斋，又号东江老画师，清代画家，善画山水，著有《箬溪渔唱集》。此图作于戊戌年（1898）之花朝节（农历二月十二），笔法学巨然，峭拔疏简、苍莽浑厚，得山林野逸之气。

149
民国
邓春澍

苍壁长松图轴

纸本 设色
纵 99 厘米 横 33 厘米

　　署款："苍壁云气涌，长松风雨寒。
原毂学弟法家雅鉴。壬申新秋，白云溪隐
邓春澍写于四韵草堂。"

　　钤"邓春澍书画印"白文印、"青城"
朱文印。

　　右下角钤"家住晋陵白云溪"朱文印、
"邓氏四韵堂读书画印"白文印。

　　邓春澍（1884—1954），一名澍，号
青城，一号石圣，五百石印富翁，更戏以"邓
峦"、或"邓鸢"自号，江苏武进人，书
画家。设私塾课徒外，好写字、吟诗、作
画，精铁笔，以画石著名，故自号"石圣"，
以藏印丰，故又自号"五百石印富翁"。
此画作于壬申年，即 1932 年，作者时年
四十九岁，笔墨娴熟老到，山峦叠嶂，云
蒸霞蔚，以清丽通透的设色，疏朗秀润的
点染，衬托出古松的挺拔苍劲。

150
清
陈尹

骑驴觅诗图轴

纸本 水墨
纵 162 厘米 横 66 厘米

　　署款："乙酉长夏□□□□□□□□
□云樵尹。"

　　钤"浣华轩"朱文印、"尹印"朱文印。

　　陈尹（生卒年不详），字莘野，号云樵，
清初青浦人。学画于华亭李藩，人物、水山、
花鸟，初甚致细，后又疏老，有出蓝之目
的。清代乌金拓本现存于中国国家图书馆。
在明代，骑驴觅诗的形象不仅入诗，而且
入画，成为文人标榜性情、以示孤高的举
止之一。陈尹此图作于康熙八年（1669），
取明代徐渭《驴背吟诗图》笔意，秋意萧瑟，
一地落叶，光秃秃的树下一老翁乘驴缓缓
而过，仿佛正在吟哦诗句，悠然雅适。

151
清
岑钟陵

观音图轴

纸本 水墨
纵 76 厘米 横 40 厘米

　　署款："第五百七十二尊。同治三年
六月佛诞日，岑钟陵敬写。"

　　钤"枫薌"白文印，押角钤"毋不敬"
朱文印。

　　岑钟陵（生卒年不详），号枫薌，青
浦朱家角人，清末画家。善白描观音，求
者踵接。此图轴作于同治三年，即 1864 年。
以墨笔写意白描作观音大士全身坐像，貌
相慈祥，造型传神，衣褶以墨线勾勒，用
笔不繁，线条劲挺而富有变化。

152
清
周慕桥

梅花仕女图轴

纸本 设色
纵 121 厘米 横 31 厘米

署款："好与梅花结比邻，云鬟斜髻
写丰神，粉痕浅浅脂痕薄，疑是罗浮梦里
人。辛丑小春月下浣，维周仁兄大人正之，
古吴周权慕桥甫。"

钤"梦樵氏"朱文印。

周慕桥（1868—1923），字权，江苏
苏州人。曾师从吴友如，为《点石斋画报》
画家集体的主要成员。早年是一位传统画
家，壮年转向年画创作，有不少传统题材
的年画传世，最后贫困而死。这幅《梅花
仕女图》作于光绪二十七年（1901），在
工笔重彩的传统绘画基础上揉入了西画造
型与透视技法，色彩也比传统仕女画丰富，
且清新雅致。

154
民国
方鎮

烟波垂钓图轴

纸本 设色
纵 72 厘米 横 40 厘米

署款："烟波垂钓 拟玉壶山人法。丙辰夏日，九峰山樵耐寒方鎮。"

钤 "雅琴"朱文印。右下角钤"正学之后"白文印。

方鎮（1878—1958），字雅琴，一字志壶，早年曾名耐寒生，晚年自号不移老人，青浦镇人，画师。主要师法钱慧安、改琦、费丹旭等早期海派画家，所作绘画以人物故事为多，间有花卉、山水、兰竹。此图作于丙辰年，即民国五年（1916），仿玉壶山人改琦画法，风格清新婉丽，与青浦一带的景象颇为相合。

155
民国
王震

达摩图轴

纸本 设色
纵 134 厘米 横 67 厘米

　　署款："吾本来兹土，使法救迷情。一花开五叶，结果自然成。壬申九秋，王震敬写。"

　　钤："一亭"朱文印、"究竟"朱文印。

　　王震（1867—1938），字一亭，号白龙山人，浙江吴兴（今湖州）人，清末民初海派代表性画家。生于上海，早年学习任伯年画法，中年后拜吴昌硕为师，曾参与发起豫园书画善会。笃信佛教、勤修善行，一生画佛无数。此幅《达摩图》作于壬申年，即 1932 年，为大写意人物画，逸笔草草、酣畅淋漓。

329

156
明
胡汝敦

白兔桂石图轴

纸本 设色
纵 125 厘米 横 48 厘米

署款："小仙胡汝敦写。"

钤"胡敦之印"白文印、"吉冈"朱文印。

胡汝敦（生卒年不详），字仲厚，又
名胡敦，浙江鄞县（今宁波）人，明代画家。
善青绿山水，师董源，颇自矜秘，人罕得之。
此图为小写意画风，清新疏秀，构图简洁，
用色淡雅。兔子形象生动，毛色洁白，身
体半立，宛如活物。

157
清
达正

梅雀图轴

纸本 设色
纵 133 厘米 横 82 厘米

署款："癸卯小春为维老道兄寿，达正。"

钤"简菴"白文印。

达正（1655—1728），又名达真。俗姓杨，字简菴，清初松江（今属上海市）人。受度于超果寺，通内典，能诗，擅书、画，尤工花卉翎毛。户部尚书王鸿绪以其画扇进御，康熙称善，于是闻名。此画作于癸卯年（雍正元年），即 1723 年。属于工笔彩绘，构图完整大气，设色雅妍，笔法细腻而不拘谨。遒劲老杆斜枝衬托着白色的梅花和山茶花，树下两只喜鹊立于石上，呈叽叽喳喳互动之态，一派盎然春意跃然纸上。

158
清
蒋淑

松石梅竹图轴

纸本 水墨
纵 139 厘米 横 69 厘米

　　署款："蒋淑。"
　　钤"蒋淑之印"白文印、"又文"朱文印。

　　蒋淑（生卒年不详），字又文，江苏
常熟人，清代雍乾时期女画家。清初画家
蒋廷锡（1659—1732）之女，华亭王敬妻。
蒋淑自幼秉承家教，以擅绘花鸟著称。蒋
淑此画尺幅巨大，兼工带写，古松苍劲，
怪石嶙峋，俨然已超脱了一般闺阁画家以
画花卉写个人小情调的境界。

159
清
董恒湛

柳树春禽图轴

纸本 设色
纵 91 厘米 横 43 厘米

署款："嘉庆庚申春仲，镜泉董恒湛，时年七十有六。"

钤"镜泉老人董恒湛印"白文印。

押角钤"醉墨"白文印。

董恒湛（1725—? ），字太原，号镜甫，一作镜泉。乾隆嘉庆年间著名书画家，董其昌裔孙。写生蔷薇虫蝶，妍雅可爱。此画作于嘉庆五年（1800），作品布局新颖，设色清新淡雅，画面繁而不乱，笔法深得华嵒笔意。柳叶与牡丹呈摇曳态，似有微风吹拂之意，与静静立于枝头的禽鸟互为映衬，动静相宜。

160
清
刘德六

虫草册页其一

纸本 设色
纵 22 厘米　横 26 厘米

署款："四壁秋声虫语健，一天露气豆花香。"

钤"子和"朱文印。

刘德六（1806—1875），字子和，别号红黎馆主，江苏吴江人，清代画家。生平狷介自好，居垂虹亭畔红梨花馆。或对花写照，或即物取形，各具生动之趣。翎毛、草虫、果蔬并臻其胜。此册描绘田间常见的蔬果、草虫，富有生活情趣。

四壁秋聲
蟲語健
一天露氣
豆花香

161
清
姜渔

梅鹊图轴

纸本 设色
纵 142 厘米 横 79 厘米

　　署款："拟白易山人笔意于挽翠山楼，
笠人戏写。"

　　钤"姜渔私印"白文印、"笠人"朱文印。

　　押角钤"我非画师"白文印。

　　姜渔（生卒年不详），字笠人，安徽
巢县人，侨居吴中（今江苏苏州）。清嘉庆、
道光年间书画家。逸笔花卉，师陈道复、
徐渭。亦擅翎毛杂品，尤善画鹤。设色艳丽，
布墨老到。间作山水，而仕女亦妍雅，但
不多见。亦工隶书。这幅梅鹊图尺幅较大，
兼工带写，笔意奔放，一群喜鹊绕在白梅
树间鸣叫互动，似乎能听到叽叽喳喳的叫
声。

162
清
胡远

梅禽图轴

纸本 设色
纵 136 厘米 横 67 厘米

　　署款："一笑琼妃下翠峦，冷云无际正漫漫。山空长是无人到，只有仙禽护晓寒。胡公寿。"

　　钤"公寿"朱文印、"安定"白文印。

　　右下角钤"横云山民"白文印。

　　胡远（1823—1886），字公寿，号小樵、瘦鹤、横云山民，上海松江人。擅画山水、花卉，工于兰竹。尤喜画梅，书法尚颜真卿、李邕一路。此图轴构图丰满，画梅枝干多用湿笔，堪称古秀淋漓。老干繁枝斜横，寒梅密集，甚得体势；一对白头翁栖息于树上，姿态灵动，树下竹石笔墨苍润厚重。

163
清
朱偁

牡丹图轴

纸本 设色
纵 71.5 厘米 横 42.5 厘米

　　署款："庚辰秋八月下澣，梦庐逸史偁写于沪上。"

　　钤"梦庐绘事图章"白文印。

　　左下钤"行笈之宝"白文印。

　　右下角有"玄谷读过"朱文印、"青浦许氏珍藏"白文印、"家在鸳鸯湖畔"白文印。

　　朱偁（1826—1900），早岁名琛，后改为偁，字觉未，号梦庐、鸳湖画叟、鸳湖散人，浙江嘉兴人。初法张熊、王礼，擅于没骨花鸟草虫。偶及华喦一路，亦颇见工力。驰誉上海，从学者众，任伯年受其影响。此画作于庚辰年即光绪六年（1880），正值其艺术成熟期，笔墨灵秀劲挺，设色妍雅，仅寥寥数笔，即现牡丹微微摇曳之态，足见其不拘成法，自辟蹊径。

庚辰秋八月下浣
梦三庐逸丈属写于沪上

164
清
沈裕

荷花图轴

纸本 设色
纵 90 厘米 横 29 厘米

    署款："清于恽氏画帧流传绝少，尝于雪枝阁见一册及仿老恽《蒲塘真趣》一幅，自是妙品，惜不令故友倪芬孙先生见，皕琴乌能学哉，聊志眼福入梦想耳。沈裕记。"

    钤"皕琴楼主"朱文印。

    右下角钤"行笈之宝"白文印、"玄谷读过"朱文印。

    题跋："沈裕，原名沈维裕，字益甫，号揖甫，又号皕琴。以部员官京师，工花卉逼近南田，善隶书及北魏，不轻落墨。并精琴学，著有《皕琴楼诗集》。——录《海上墨林》"

    钤"玄谷"朱文印。

    沈裕（生卒年不详），原名沈维裕，字益甫、号揖甫，又号皕琴，清末江苏上海（今上海）人。附贡生，刑部山西司郎中。精琴，工画花卉，善隶书。久居京邸。著有《皕琴楼诗集》。此图用恽南田没骨之法描绘红莲一枝，形象高洁，出淤泥而不染。

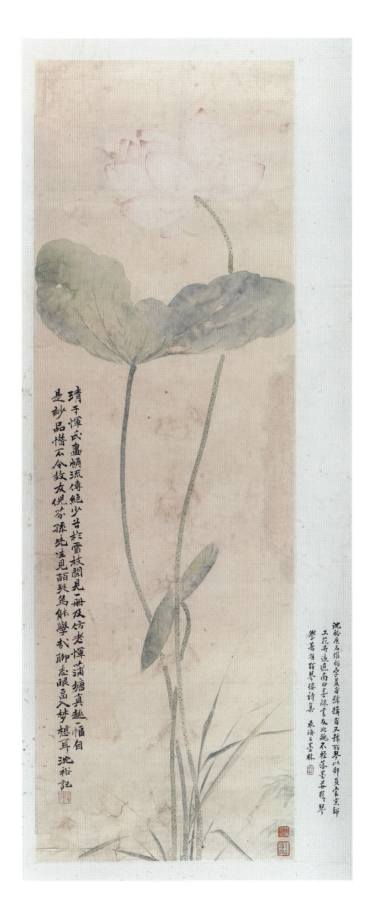

165
清
蒲华

竹石图轴

纸本 水墨
纵 148 厘米 横 39 厘米

其一

署款："未出土时先有节，便使云去也无心。蒲华。"

钤"蒲作英"朱文印。

其二

署款："渭川千亩竹，其人与千户侯等。作英。"

钤"蒲华之印"白文印。

其三

署款："做潇洒出于清之想。甲辰春月，作英。"

钤 "作英"白文印，"蒲华读书画印"白文印。

其四

署款："画工何事好离奇，一杆掀天去不知。若使循循墙外立，拂云惊日待何时。
作英蒲华。"

钤"蒲华印信"白文印。

　　蒲华（1832—1911），原名成，字作英，一字竹英，号胥山外史、种竹道人等，室
号剑胆琴心室、九琴十研楼等。浙江嘉兴人，久居上海。与吴昌硕、高邕之、杨东山、
杨伯润、吴秋农等切磋往来。其书法，放而凝，拙而趣，淳厚多姿；其绘画，燥润兼施，
烂漫而浑厚，苍劲而妩媚。尤喜画大幅巨幛，莽莽苍苍，蔚为大观。著有《芙蓉庵焚余
草》。此四条屏的内容是蒲华擅长的大写意墨竹，水墨淋漓，豪放不羁。

166
民国
许玄谷

墨梅图轴

纸本 水墨
纵 142 厘米 横 46.5 厘米

署款："无论千红万紫场，相逢不觉忆梅香。春风着处都颠倒，毕竟寒花有主张。癸酉十月许玄谷写。"
钤"玄谷道人写梅"白文印。

许玄谷（1899—1989），名福嘉，号原谷，青浦人。毕业于上海美术专科学校，1932 年任青浦县立民众教育馆馆长，1988 年任青浦县书画社顾问，对青浦的美术教育事业做出了卓越贡献。擅长画墨梅，水墨淋漓、铁骨铮铮，洁白无瑕、香远益清，与其高尚的人格融为一体。此图作于癸酉年，即 1933 年是他早年的代表作。

167
清
郭尚先

兰花图扇页

纸本 水墨
纵 18.7 厘米 横 52 厘米

署款："兰石，郭尚先"。

钤"郭尚先印"白文印。

郭尚先（1785—1832），字元闻，又字兰石，福建莆田人。嘉庆十四年（1809）进士，官至大理寺卿。精鉴别，书似欧阳询，以骨力胜，间作小楷，颇深别趣，兼工兰竹。此扇所绘兰叶转折分明，皎洁若有香气。

168
清
陆恢

仿李营丘梅花书屋图扇页

纸本 设色
纵 18.3 厘米 横 52 厘米

署款："李营《丘梅花书屋图》深得
北苑的传，盖其生平得力处也。绍虞仁兄
法家誉正，丁卯冬至后一日重写于珠溪寄
庐。"

陆恢（1851—1920），一名友奎，字
廉夫，号狷叟、狷盦、井南旧客、话雨楼主、
丑奴盦主、寄庐、破佛盦主人，室名冷香居、
破佛盦、话雨楼。原籍江苏吴江，久居吴
县（今苏州）。书工汉隶，画则山水、人物、
花鸟、果品，无一不能。此画作于清同治
六年（1867）。李营丘即宋初画家李成，
所画山石如卷云、树枝如蟹爪。陆恢此画，
山石有飞动之势，树枝多下垂之态。

169
明
（传）董其昌

行书诗轴

绫本
纵 138 厘米　横 53 厘米

署款："董其昌。"

钤"宗伯学士"朱文印、"董其昌印"
白文印。

董其昌（1555—1636），字玄宰，号
思白、思翁，别号香光，松江华亭（今上
海松江）人。谥号文敏，因称董文敏。明
代著名书画家。工诗文、精鉴赏、善书画，
书学晋唐各家，以颜真卿、杨凝式笔意转
为飘逸秀朗，对明末清初书风有较大影响。
此篇五言诗，行中带草，结体森然，运笔
精到，不争不躁，布局闲适，自然天成。

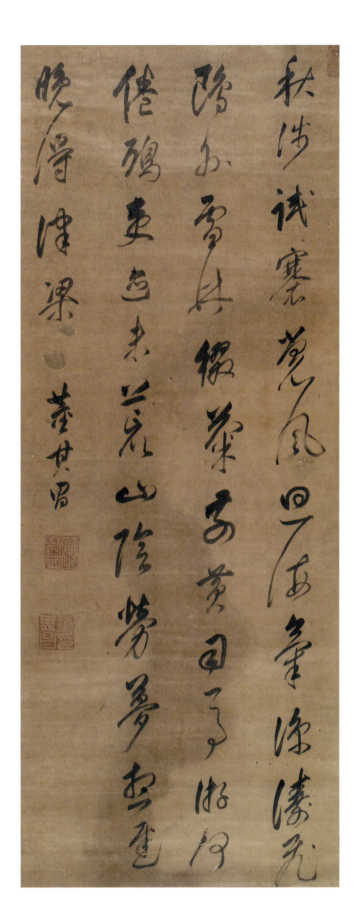

170
明
陆应旸

草书诗轴

纸本
纵 130 厘米　横 61.5 厘米

署款："陆应旸。"

钤"古塘居士"白文印、"陆氏伯生"
白文印。

陆应旸（约 1572—1658），字伯生，
号江左樵子，青浦人。少补县学生，已而
被斥，绝意仕进，与王世贞有过交往。这
幅书轴用字行草混杂，不甚讲究，字的大
小、收放张弛有度，节奏感强。癫狂的书
法用笔与所书诗文的浪漫气质甚为合拍，
可谓"文书合一"。

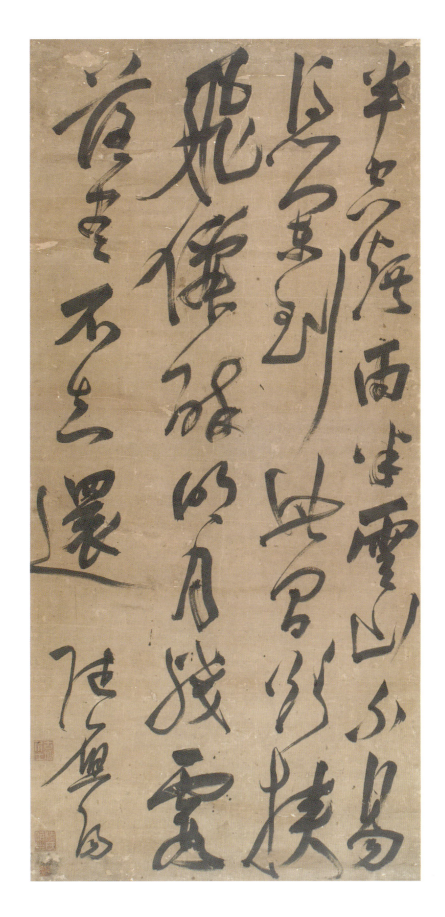

171
明
王昶

王氏宫词册页

纸本
纵 21 厘米　横 30 厘米

　　首页右下钤"曾在王石君处"朱文印，
末页左下署款"琴德王昶时年六十有四"，
钤"述庵"朱文印、"退密审定"白文印。

　　册页共十二面，由清代著名学者王昶
（1725—1806）于乾隆五十三年（1788）
所书，行草书就宫词多首，运笔如行云流
水，节奏鲜明，顿挫抑扬，浓淡有致，韵
律和谐，酣畅淋漓，为王昶书法的存世精
品。

逐子初来诊复新

一声，报的家春

遥阳春色樱桃

鉴先进金盘奉

紫宸 巳山高誊小

蓬莱翰柏屏风凤

扆一开绿遥空惜

春水阁新于一派御

灌莱内气宫人学

172
清
永瑆

楷书诗话轴

冷笺纸
纵 168.5 横 67 厘米

款署："成亲王"。

钤"诒晋斋"白文印、"成亲王"朱文印。

永瑆（1752—1823），字镜泉，号少厂。乾隆十一子，封成亲王，因皇太后赐陆机《平复帖》，又号诒晋斋主人。永瑆楷书学欧阳询、赵孟頫，行书学米芾，其书法用笔俊逸，结体疏朗，风格典雅。著有《诒晋斋诗文集》、《随笔》、《仓龙集》等。此幅作品出入欧赵之间，笔酣墨饱，为馆阁体典范。

近日釋子詩以滇南蒼雪為第一如

別徐九玉討鐵山看梅云一夜北花開

湖上路半春家在雪中山警句也其

弟秋皐藏有句云鳥啼殘雪樹人語

夕陽山　漁洋詩話

成親王

173
清
张廷济

行书诗轴

纸本
纵 108 厘米　横 40 厘米

　　署款："道光辛丑五月一日，嘉兴张
廷济，年七十四。"

　　钤"张廷济印"白文印"、"张叔未"
白文印。

　　张廷济（1768—1848），原名汝林，
字顺安，又字作田，号叔未，晚号眉寿老人，
浙江嘉兴人。善书画，能篆、隶，精行、楷，
初规摹钟繇、王羲之，五十后出入颜真卿、
欧阳询间，草隶为当时第一流。这幅行书
作于道光二十一年（1841），属作者晚年，
兼法米芾，笔墨雄浑，意境苍古。

柳花仲矩自共城来枉上

官来作饭食我且言百泉之上

胜勋我卜邻芙蕖弥陂已在太行

之麓矣 东坡居士轼

道光辛丑五月一日

菜根张氏渟

二年七十四

174
清
何长治

行书条屏

纸本
纵 132 厘米 横 31.5 厘米

　　署款："叔廉尊兄大雅属正。乙酉五
月长治临。"

　　钤"淞南学圃髯翁"白文印、"何长
治鸿舫父"白文印。

　　何长治（1821—1889），字补之，
号鸿舫，晚号横泖病鸿，青浦县人，清代
医学家。工行书。此四幅条屏书于清光绪
十一年（1885），胎息颜真卿，师法何绍基，
大量运用浓墨、涨墨，笔墨极厚重；沉着
中显稳重，规矩里见气势。

温日觀居西湖之瑪瑙寺摹知其善畫葡
萄不知其善草體書也若其真蹟枝榦領
葉咸具筆法於提頓折勒之中散儼入
聖之妙非凡俗所能夢見也

其山水之勝者往々幽邃而曠遠明秀而靜深
至於草木泉石点皆發色含氣而有餘光
與夫澶漫綺靡腴而澤麗者大不同焉乎
愛而異之必有瑰奇之士應而出者

使玉蒙惠承審趣居豪勝良慰馳系頗
公々米李公必氣顏況曹子方不祈兩逢
承鐸老眼展山陰之樺其詩畫更臻雅
逸我懷附使謝候面趣不々

陳眉公居東余之麓額檯白石山莊有友
問山中何境宷佳答之曰鈞同鶴守果遣猿收
又吟水流雲在月到風來之句真与無懷葛
天為儔　朴蘆尊兄大雅屬正乙酉五月長治臨

175
清
陆润庠

行书八言联

纸本
纵 170 厘米　横 41 厘米

　　署款："凤石陆润庠。"
　　钤"陆润庠印"白文印、"凤石"朱文印。

　　陆润庠（1841—1915），字凤石，江
苏元和（今苏州）人。同治十三年（1874）
状元，历官工部尚书、吏部尚书等。工书，
近馆阁体。善诗，精金石考据，富收藏。
此联用笔珠圆玉润，为馆阁体典范。

辋川潇洒友王维

盤谷壽康懷李愿

允羨仁兄大人雅

鳳石陸潤庠

176
民国
曾熙

行书轴

纸本
纵 101 厘米　横 49 厘米

署款："再壬仁兄法家正之。乙丑三月，
曾熙。"

钤"曾熙之印"白文印、"农髯"朱文印。

曾熙（1861—1930），字季子，又字
嗣元，更字子缉，号俟园，晚年自号农髯，
湖南衡州府（今衡阳市）人。海派书画领
军人物，书法宗法《张黑女墓志》，自称
南宗。此作为曾熙经典面目，碑帖结合，
老笔纷披，作于民国十四年（1915）。

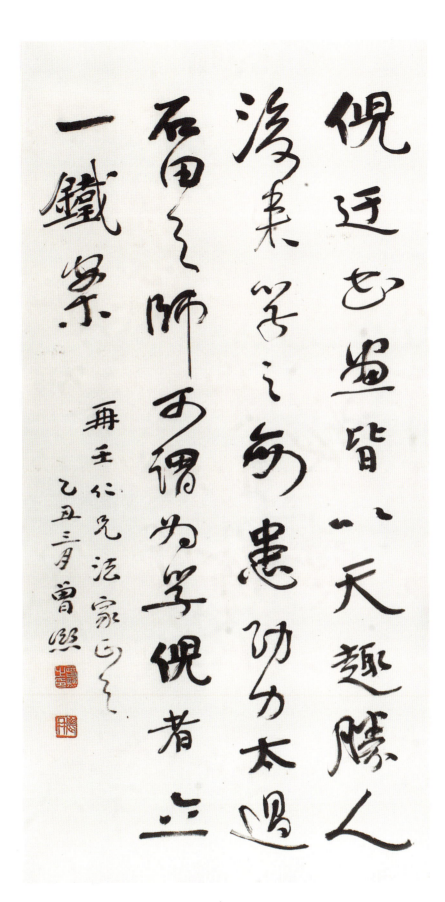

倪迂书画皆入天趣瘾人，没来学之每患功力太过，居然师子倘为学倪者，立一铁案。

再壬仁兄法家正之

乙丑三月曾熙

177
民国
王晦

行书七言联

纸本
每联纵 156 厘米 横 33 厘米

署款："己巳二月，钝根王晦。"

钤"王晦印记"白文印、"钝根"朱文印。

王晦（1888—1951），更名王永甲，字耕培、芷净，号钝根，以号为笔名，青浦人。清宣统三年（1911）初在青浦创办《自治旬报》，后应同乡席子佩之聘担任《申报》编辑。列名鸳鸯蝴蝶派作家，诗文俱佳，书法秀美流润。此作书于民国十八年（1929），用笔轻盈，颇具书卷气。

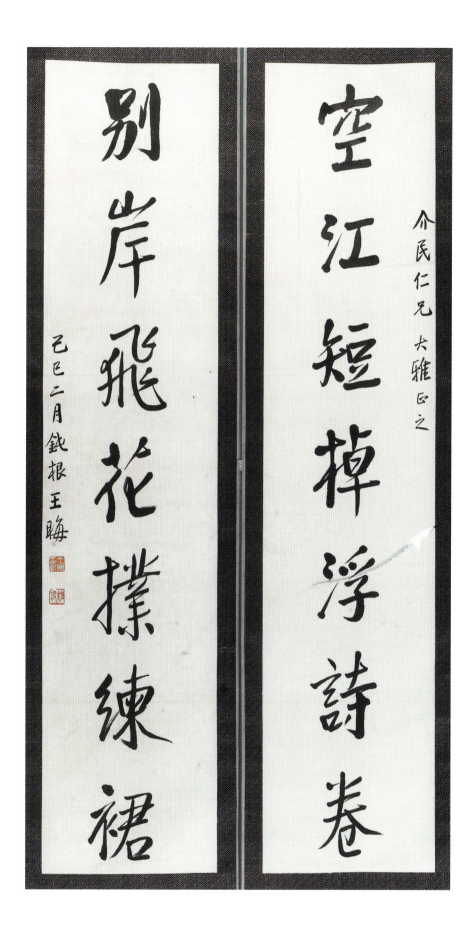

别岸飞花扑练裙

己巳二月钝根王晦

空江短棹浮诗卷

介民仁兄大雅正之

178
民国
王震

枫桥夜泊行书诗轴

纸本
纵 100 厘米　横 33 厘米

　　署款："原谷仁兄属书。壬申秋，白
龙山人。"

　　钤"王震长寿"白文印、"一亭日利"
朱文印、"静观"朱文印。

　　王震画学吴昌硕大写意一路，书法擅
大行草。此作书于民国二十一年（1932），
书如其人，纵横洒脱、气势豪迈。

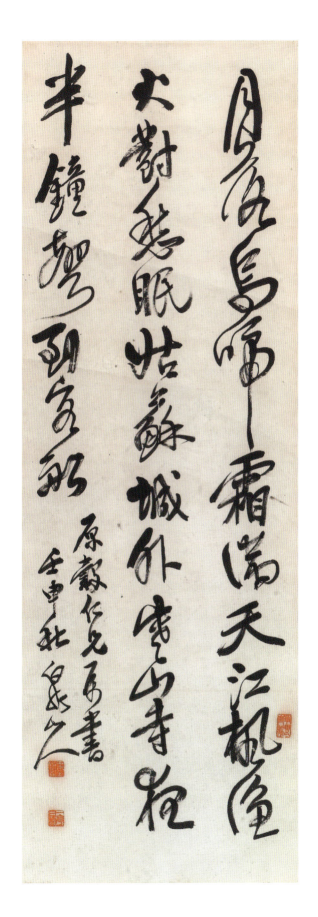

月落烏啼霜滿天江楓漁
火對愁眠姑蘇城外寒山寺夜
半鐘聲到客船

原毅仁兄屬書
壬申秋日良父

179
近代
钱振锽

行书轴

纸本
纵 92 厘米　横 42 厘米

署款："原谷仁兄正之。振锽。"
钤"臣振锽印"白文印、"名山"朱文印。

钱振锽（1875—1944），字梦鲸，号
谪星，后更号名山，并以号行，江苏常州
菱溪人。光绪二十九年（1903）进士，官
至刑部主事，后辞官办学，谢玉岑、谢稚柳、
马万里等诗词书画名家皆出其门下。此作
用笔生拙老辣，体现近代碑帖结合的典型
风貌。

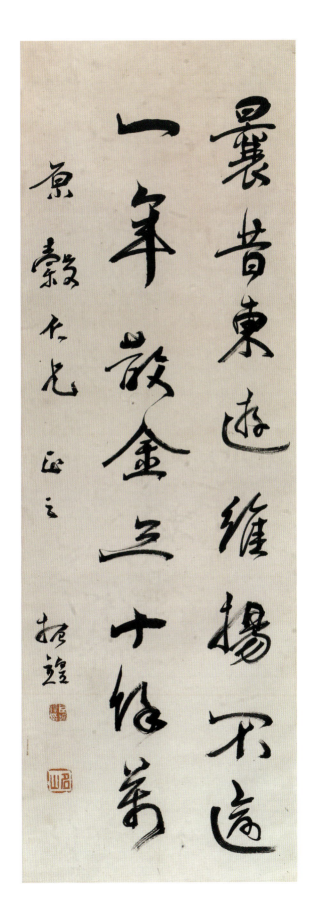

曩昔東遊維揚不遠一年散金三十餘萬

原毅仁兄正之

松篁

180
现代
沈其光

行书轴

纸本
纵 65 厘米　横 32 厘米

　　署款："瘦东"。

　　钤"沈其光印"白文印、"瘦以胜肥，狂以胜痴"白文印。

　　沈其光（1888—1970），字瘦东，以字行，又字乐宾，晚年自号废翁、瓶翁、兰笋山人，斋号瓶粟斋，青浦人。工诗文，擅书法，诗有"江南独沈郎"之称。著有《瓶粟斋诗话》十六卷、《瘦东诗钞》十卷等。此作取法赵孟頫、董其昌，颇具书卷气。

衰柳疎疎苔满墙

乌木坡依稀老恒端省沧

桑语坐看龙潭起暝烟

次檀吟兄龙潭坡居圖一絶 慶東

其他类

181
元

鲤鱼波浪纹梅花形雕漆果盒

漆器
直径 16.3 厘米　高 3.6 厘米

果盒为梅花形，子母口，外面漆色为枣皮红，内里与底部髹黑漆。髹漆肥厚，构图层叠，技艺娴熟，不露刀锋，融多种雕漆技艺于一体，立体感极强，顶面为鲤鱼碧浪图案，六条鲤鱼在翻滚的漩涡浪花中向上跳跃，活泼灵动，栩栩如生，取鱼跃龙门之意。外顶面边线为一道回纹，侧立面为双阔六边形菱花格子图案，与顶面主题及回纹边相协调。整件器物保存完整，规整端庄，华丽典雅，是一件不可多得的雕漆佳作。

182
明

高士乘槎木雕像

黄杨木
高 15.5 厘米

　　该雕件表现了一位高士乘槎浮于海上的形象。高士头挽发髻，双目微瞑，气定神闲地眺望着远方。嘴略开张，似哼唱小曲，一副怡然自得的神情。身着一体长袍，袒露右肩、双乳、腹部、右腿，双手双脚支撑于槎上。高士衣冠不整的形象彰显了他超凡脱俗、逍遥自适的个性。

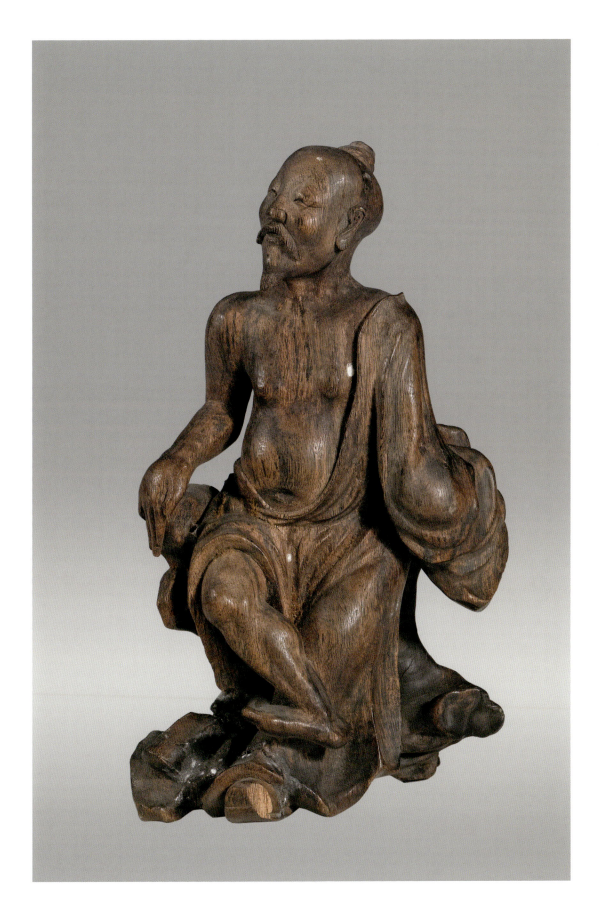

183
明隆庆元年、二年

沈存肃、沈绍伊晋升敕命

绫锦
纵 29 厘米　横 184 厘米

释文一：

奉天承运，皇帝敕曰：人子之所以追显其亲者无穷已也，故虽职卑于父而犹欲加显焉，情有所必至，则分因得以伸耳。尔原任浙江处州府松阳县知县，沈存肃乃甲子库大使绍伊之父，操存无玷，宰治有声，慈牧已著於官，常严训不忘于庭，授乃子发身从事持慎且勤，足称任使，亦惟尔贤已。兹朕以登极覃恩，特俞移请是用，进尔一阶，赠为文林郎，宜需涣命之荣，茂衍赍丘之庆。

隆庆元年五月二十三日

释文二：

奉天承运，皇帝敕曰：典守天积，出内攸击，必得其人以充任使。尔甲子库大使沈绍伊乃四川布政使司左布政使恩之孙，浙江处州府松阳县知县存肃之子，传家诗礼，明习律书。擢于兹官勤慎有守，兹以建储覃恩，晋尔阶登仕郎锡之敕命，尔昔服命书，貤荣其父，兹复得兹，褒予尔受国恩渥矣，往其敬哉，以需明课。

隆庆二年五月二十六日

此两幅分别是明隆庆皇帝颁发给已故四川布政司左布政使沈恩之子沈存肃晋升文林郎、孙沈绍伊晋升登仕郎的敕命。两幅敕命形制一致，首部织有栩栩如生的对拱双龙，双龙中间织有"奉天敕命"四个字；尾部则织有"隆庆元年月日诰"字样。正文为真书，字体端庄饱满，隽秀有力，行文极为洗练，几乎无可增删。末端都钤着"敕命之宝"朱文方印，尾部还钤有半枚"敕命之宝"印，反面边缘则是另一半，若卷起圣旨，两半印章即合为一枚完整的印章。对拱双龙和对合的印章都是防伪的措施。

奉
天承運
皇帝勅曰人子之所以
追顯其親者無窮
巳也故雖職卑於
父而猶欲加顯焉
情有所必至則分
因得以伸耳兩原
任浙江處州府松
陽縣知縣沈存肅
乃甲字庫大使紹
伊之父操存無玷
寧治有聲慈牧巳

184
清

光绪《青浦县志》木刻版

梨木
长 26 厘米 宽 18.3 厘米 厚 1.5 厘米

　　光绪《青浦县志》的编纂始于清同治
九年（1870），成于光绪三年（1877），
光绪五年（1879）完刻。由青浦知县陈
其元等主修，沈诚焘总辑，熊其英、邱式
金纂修。全志正文三十卷，另卷首上下二
卷，卷末一卷，共七十六目。时断自建县
始，或上溯至事迹之始，下止于光绪二年
（1876）。光绪《青浦县志》木刻版为尊
经阁藏版，用梨木精心雕刻而成，多为双
面雕，正文宋体，现存 540 余片。

185
民国

《青浦县续志》木刻版

梨木
长 24 厘米　宽 21 厘米　厚 1.5 厘米
长 26 厘米　宽 19 厘米　厚 1.5 厘米
长 28.8 厘米　宽 20.5 厘米　厚 1.5 厘米

　　民国《青浦县续志》为光绪《青浦县志》之续，体例依照前志，不自起例。其编纂始于民国六年（1917），成于民国二十二年（1933），青浦县知事张仁静主修，钱崇威、沈彭年、金咏榴总辑。《青浦县续志》正文共十三门二十四卷，卷首一卷，卷末缀以金咏榴跋文。时断自光绪五年（1879）始，或上溯至事迹之始，下止于民国七年（1918）。《青浦县续志》木刻版为苏州葑门十全街陈海泉刻印，用梨木雕刻而成，多为双面雕，正文宋体，现存 190 余片。

186
民国

"瓜瓞绵延"牙雕小圆盒

象牙
通高 3.6 厘米　直径 6.3 厘米

　　小圆盒分内外两层，有盖。盖和外层
均以镂空钱纹为地，其上装饰有南瓜花纹，
瓜染红色、叶染蓝色、蔓染绿色，色多脱落。
两种花纹的寓意是富贵昌盛、瓜瓞绵延，
表现了民间对幸福生活的理解。

187
民国

《野火》杂志半月刊 1939 年第 12 期

纸质 油印本
纵 25.5 厘米 横 18.5 厘米

　　《野火》系抗日战争时期青浦东乡抗
日游击队的抗日宣传刊物，创刊于 1939
年 2 月 1 日，主编为青东抗日民主政府领
导人诸人龙。现仅存的是 1939 年第 12 期，
16 开，共 28 页，封面为女神战倭鬼图，
内容涉及抗战评论、时事信息、诗词，对
研究抗战时期青浦抗日宣传活动具有重要
价值。该刊系封面木刻画作者张九方先生
于 1959 年捐献给青浦县博物馆。

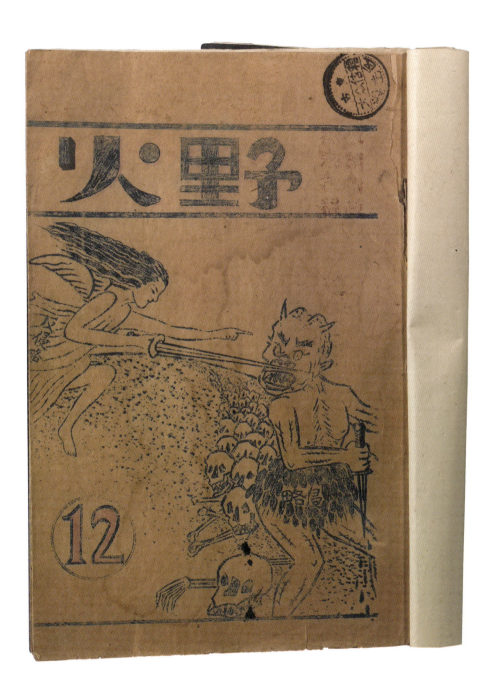

188
民国

《追悼五三、四八死难同志特刊》

纸质 油印本
纵 25.6 厘米 横 17.5 厘米

　　该杂志系青东抗日游击区自卫队为纪念淞沪游击纵队在 1939 年 4 月 8 日、5 月 3 日两次抗击日军战斗中死难的烈士而编发的抗日宣传特刊。16 开，共 16 页。该特刊由三部分构成，第一部分为顾复生所作祭文《怎样纪念五三死难同志》；第二部分为王正芳、王世光、陆新瞿、徐庆龙、李明等死难同志传略；第三部分为挽歌。该杂志为仅存的有关"五三"烈士的原始资料，是研究青东抗日游击区历史的珍贵史料。

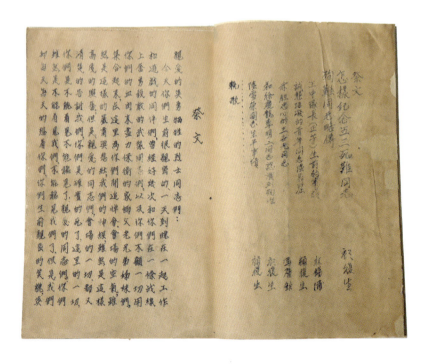

后记

　　《水乡遗珍——青浦博物馆馆藏文物集萃》图录是全面反映上海市青浦区博物馆 1958 年建馆以来馆藏文物状况的图集，也是青浦区第一次全国可移动文物普查成果的缩影。

　　2016 年 3 月，青浦博物馆成立图录编撰小组，确定编撰体例、要求和文物范围，至 10 月完成了图录初稿。文物拍摄、文字审稿等工作得到了上海博物馆有关老师的大力支持，陶瓷部张东、考古部主任陈杰两位研究馆员对文稿进行了审稿，原文物摄影师汪文梅老师对录入文物进行了拍摄，考古部技工李召銮、郭荣成绘制了部分器物纹饰图，使本图录得以顺利付梓，在此深表谢意。

上海市青浦区博物馆

2017 年 6 月

图书在版编目（ＣＩＰ）数据

水乡遗珍：青浦博物馆馆藏文物集萃/ 上海市青浦
区博物馆著.—上海：上海人民出版社,2018
ISBN 978－7－208－14973－1

Ⅰ. ①水⋯ Ⅱ. ①上⋯ Ⅲ. ①博物馆－历史文物－青
浦区－图录 Ⅳ. ①K872.513.2

中国版本图书馆 CIP 数据核字（2017）第 325630 号

责任编辑　舒光浩　陈佳妮
装帧设计　胡　斌　刘健敏

水乡遗珍
　　——青浦博物馆馆藏文物集萃
上海市青浦区博物馆　著

出　　版　上海人民出版社
　　　　　（200001　上海福建中路193号）
发　　行　上海人民出版社发行中心
印　　刷　上海中华印刷有限公司
开　　本　889×1194　1/16
印　　张　25.5
插　　页　4
版　　次　2018年3月第1版
印　　次　2018年3月第1次印刷
ISBN 978－7－208－14973－1/K・2712
定　　价　268.00元